교회를 섬기는 청지기의 길 (Ⅱ)
|장로의 책임과 역할|

교회를 섬기는
청지기의 길(II)
|장로의 책임과 역할|

2008년 7월 4일 1판 1쇄 발행
2008년 7월 30일 1판 2쇄 발행
2008년 11월 12일 1판 3쇄 발행

기획 | 대한예수교장로회 전국장로회연합회
지은이 | 임성빈 · 최윤배 · 정병준
펴낸이 | 이종춘
펴낸곳 | BM 성안당
주 소 | 경기도 파주시 교하읍 문발리 출판문화정보산업단지 536-3
전 화 | 031-955-0511
팩 스 | 031-955-0510
등 록 | 1973. 2. 1. 제13-12호
홈페이지 | www.cyber.co.kr
수신자부담 전화 | 080-544-0511

ISBN 978-89-315-7322-0(세트)
     978-89-315-7324-4(II권)   03230
정가 10,000원

이 책을 만든 사람들
책임 · 진행 | 최옥현
교정 · 교열 | 기영석
표지 · 편집 디자인 | 나미진 · 노승희
홍보 | 박재언
제작 | 구본철

Copyright ⓒ 2008 by Sungandang Company All rights reserved.
First edition Printed 2008. Printed in Korea.

이 책의 어느 부분도 저작권자나 BM 성안당 발행인의 승인 문서 없이 일부 또는 전부를
사진 복사나 디스크 복사 및 기타 정보 재생 시스템을 비롯하여 현재 알려지거나 향후 발명될
어떤 전기적, 기계적 또는 다른 수단을 통해 복사, 재생하거나 이용할 수 없음.

교회를 섬기는 청지기의 길 (Ⅱ)

|장로의 책임과 역할|

기획 | 대한예수교장로회 전국장로회연합회

임성빈 · 최윤배 · 정병준 | 공저

발간사

한국 교회 위기인가?

지난 역사 속에서 유럽 미국 정통 교회들의 쇠퇴와 몰락을 우리는 보아왔다. 그런가하면 또 다른 유럽 미국 교회들이 크게 부흥 성장하고 있는 것을 알고 있다. 한국 교회 일 세기는 기독교 역사에서 찾아 볼 수 없는 성령 운동의 경험 속에 교회들이 부흥했고 세계가 집중하는 초대형 교회들이 탄생했다.

한국 교회 발전 과정에 충돌과 분열의 아픔이 있었지만 그런대로 지금까지는 정통 개혁교회의 본질과 질서를 유지하며 헌신적인 열정으로 잘 발전해 왔다. 그럼에도 불구하고 많은 신학자들이 한국 교회 위기가 도래하고 있다고 염려한다. 한국 교회는 여러 교파, 수많은 교단으로 나뉘어져 있지만 대부분의 한국 교회들이 정통 장로교를 중심으로 발전해 왔다.

한국 장로교는 정통 장로교 본질에서 얼마나 벗어나 있는가?

한국 교회 지도자(목사, 장로)들이 무엇을 얼마나 잘못 알고 있는가?

모르는 것이 문제가 아니라 잘못 아는 것이 문제인 것이다.

잘못 아는 편견이 굳어져 충돌과 갈등이 도를 더해가며 심각한 상태로 되어가고 있다.

전국장로회연합회에서는 이런 문제를 놓고 장신대 교수들과 오랜 시간 토의하고 기도하며 교수님들과 함께 가슴이 뜨거워져, 새 일을 시작하기로 뜻을 모았다. 장로교 통합 측 교단 장로 23,000명 장로들이 먼저 영적인 교회 질서를 회복하는 중심에 서는 것이 필요하다고 생각했다.

저질 정치문화 속에서 오염된 장로교의 교리, 정치, 행정, 치리, 역사 예배·예식 등을 말씀 중심으로 이해하고 해석하며 바로 알기 위하여 방법을 찾자는 데 의견을 모았다. 일 년 여 연구 끝에 다섯 분의 교수님들이 분야별로 집필에 들어가 한국 교회 목사, 장로, 평신도들이 꼭 읽어야 할 책 「교회를 섬기는 청지기의 길 – 장로의 책임과 역할」을 발간하게 되었다. 저명하신 목사님들 장로님들이 세 번 이상 원고를 감수하여 출판에 들어갔다.

집필해주신 임성빈, 최윤배, 주승중, 이장로, 정병준 교수님께 감사드린다.

감수해주신 임인식, 이종윤, 이성희, 손달익 목사님, 김형태, 최태영 교수님, 편집에 전력을 기울이신 전국장로회연합회 발전연구위원회 기획팀 모두에게 감사를 드린다. 아울러 출판을 맡아주신 성안당 이종춘 회장님, 기획 편집을 도와준 최옥현 본부장님께도 심심한 사의를 표한다. 처음 시작할 때 적극적으로 추천서를 써주시고 후원해 주신 이광선 직전 총회장님, 김영태 총회장님, 집필을 격려해주신 김중은 총장님, 추천사를 써 주신 목사님들께 감사를 드린다.

이 책을 통하여 우리가 바로 알고 한국 교회가 영적인 질서를 회복하고 성령의 불길이 타오르는 부흥의 재도약의 큰 시작이 되기를 바라면서 이 책을 낸다. 전국 교회의 목사, 장로, 평신도 등 많은 사람들에게 이 책이 도움이 되기를 바란다.

박래창 (전국장로회연합회 회장)

머리말

머리말을 대신하며 ……

우리가 이러한 글을 쓰게 된 이유는 무엇보다도 우리 교회가 처해 있는 현실과 위기감 때문이었다. 이대로는 안 되겠다는 위기감이야말로 전국장로회의 임원진과 집필진 사이의 공감대를 굳게 하였다. 이러한 위기감은 우리로 하여금 이제는 말이 아닌 구체적 실천이 필요하다는 합의에 이르게 하였고, 그 합의의 구체적 열매가 바로 이 교재이다.

한국 교회는 유래 없는 도전에 직면하여 있다. 세계화, 지식 정보화 사회의 도래, 포스트모던 및 소비문화의 편만함으로 인한 급격한 사회문화 변동도 교회가 주목하여야 할 요소이다. 지금의 기성세대가 교회학교를 다니던 때, 교회가 전반적으로 급속한 성장을 이룩하던 때와는 전혀 다른 사회문화적 환경이 조성되고 있음을 우리는 직시하여야 한다. 이와 함께, 아니 이보다 먼저 우리는 과연 우리의 신앙 생활이 성경에 기초한 복음적 신앙인가를 민감하게 돌아보아야 한다. 세상을 복음으로 변화시키기 보다는 세상에 의해서 오히려 교회가 물들어 가는 '세속화된 신앙'으로 오염된 우리의 신앙을 새롭게 하여야 하겠다는 다짐을 굳건히 하여야 할 때이다.

우리의 연구와 그 연구의 결과물인 글은 이러한 다짐을 구체적으로 실천해 보자는 마음에서 비롯되었다.

교회, 특별히 장로교회는 의사 결정 구조와 과정에 있어서 고통스러운 전환기적 경험을 하고 있다. 강력한 카리스마와 헌신적 열정으로 교회를 이끌어 왔던 교회 지도자들의 은퇴와 함께 평신도 지도력의 확연한 부상으로 말미암아 이제 한국 교회는 새로운 유형의 지도력을 요구하고 있다.

사실 장로교회는 만인제사장설에 입각하여 모든 이들이 교회를 구성하며 나름대로의 역할을 하는 참여적 교회론을 가지고 있다. 그러나 우리의 참여는 질서를 통하여 하나님께 영광돌리는 열매를 맺어야 한다. 이러한 관점에서 우리는 감독제도 아니며, 회중제도 아닌 장로제도를 교회의 정치제도로 받아들였다.

목사와 장로와 집사는 교회의 유익을 위하여 부름 받은 섬김의 직분이다. 오늘 적지 않은 신앙인들 사이에는 만인제사장직과 교회의 직분론 사이에 혼란이 일어나고 있다. 우리는 교재를 통하여 모든 믿는 이들을 제사장으로 부르신 만인제사장직을 분명히 하면서, 교회의 직분자로서의 장로의 역할에 대한 이해를 분명히 하려고 노력하였다. 본 교재는 장로의 직분으로 부름받은 이들을 위한 교육교재로서 기획되었기에 주로 장로 직분에 초점을 맞추어 그 역사적 기원과 역할, 책임과 의무를 논하였다.

그러므로 본 교재를 대함에 있어서 우선적으로 극복해야 할 것은 목회자와 장로의 이분법적 도식이다. '왜 우리에 대한 이야기만 하였는가? 사실 문제는 우리만의 책임이 아니지 않는가?'를 고집한다면 우리의 논쟁은 끝이 없어진다. 주로 목사이자 신학자들로 구성된 집필진과 전국장로회의 관계 임원들은 오랜 논의를 통해 소모적인 갈등적 논쟁보다는 건설적인 미래지향적 비전을 찾기로 하였다. 누구 때문이냐 보다는 한국 교회의 오늘과 내일을 위한 우리의 책임이 크고 우선적인 과제라는 신앙적 각성과 책임의식 때문이었다.

그래서 우리는 무엇보다도 먼저 신앙인으로서, 장로교회의 교인으로서 영적 혼란기에 확실히 하여야 할 신앙의 토대이자 지표로서의 교리를 확고히 하는 연구에 착수하였다. 또한 이러한 교리가 신앙인들이 마땅히 드려야 할 예배로 표현될 때 우리가 알아야 할 지식과 예배자로서의 태도에 대한 연구도 함께 진행하였다. 이러한 연구의 결과물이 바로 Ⅰ권이다.

이와 함께 우리는 하나님께서 허락하신 장로교회의 원형의 모습을 확인하는 역사적, 신학적 작업을 착수하였다. 칼뱅의 신학과 정치로 상징되는 장로교회의 역사적 뿌리와 역동적인 교회 정치의 형성 과정을 통하여 우리는 한국 장로교회의 뿌리와 독특성을 확인하였다. 이러한 연구는 Ⅱ권에서 개혁교회의 역사적 형성과정과 장로교회의 조직과 정치제도와 장로의 역할 등에 대한 구체적 서술로 표현되었다.

이러한 Ⅰ권과 Ⅱ권의 연구는 역사적으로, 신학적으로 매우 의미 있는 작업이지만 일반 독자들이 쉽게 대하기에는 다소 어려움이 있는 것이 사실이다. 그러나 오늘날 우리 장로교회가 직면한 복합적인 위기상황을 고려한다면 이 정도의 전문적 연구의 토대없이 간단한 위기 해결책을 말한다는 것은 미봉책에 그칠 가능성이 크기 때문이다.

그러나 우리의 목적은 신학적 연구에 그치는 것이 아니고, 교회를 위한 구체적 변화에 있으므로 우리는 Ⅰ권과 Ⅱ권의 연구를 요약하여 Ⅲ권 후반부에 실었다. 그리고 Ⅲ권의 전반부에는 21세기적 상황에서 섬기는 리더로서의 장로의 책임과 역할을 리더십 관점에서 기록하였다. 또한 목회자의 교체 시기에 당회가 감당하여야 할 임무와 역할에 대하여 도움이 될 만한 사안을 실었다.

물론 이러한 제안들은 모든 교회에서 일률적으로 적용될 수 있는 것은 아니다. 우리는 될 수 있는 대로 성경적, 신학적 토대위에서 우리 신앙의 선배들이 경험한 내용들을 소개하려고 노력하였다. 이와 함께 21세기라는 새로운 상황에서 장로가 감당하여야 할 새로운 과제도 제시하였다. 모쪼록 이러한 우리의 소원이 독자들의 참여로 한국 교회 위기극복이라는 열매로 맺어지기를 소망한다.

집필자들의 마음을 담아……
대표 저자 임성빈(장로회신학대학교 교수)

● 목차 ●

제1편

우리 교회 뿌리찾기: 개혁 교회의 역사와 직제

정병준 교수(한남대학교, 역사신학)

서양 개혁교회의 역사 _ 14
개혁교회의 직제 _ 59

칼뱅의 장로교회 정치

최윤배 교수(장로회신학대학교, 조직신학)

서론 _ 110
칼뱅의 장로교회의 정치 _ 129

장로교회 정치 해설

임성빈 교수(장로회신학대학교, 기독교와 문화)

장로교회 정치 해설 _ 192

장로의 직분과 역할 _ 204

교회를 섬기는 청지기의 길

우리 교회 뿌리찾기: 개혁 교회의 역사와 직제

정병준 교수(한남대학교, 역사신학)

서양 개혁교회의 역사

종교개혁의 다섯 가지 종류

| **목적** • 장로교회의 모체인 개혁교회가 어떻게 형성되었고 세계에 확산되었는지를 살펴본다.
목표 • 1 16세기 다섯 가지 종류의 종교개혁운동의 차이점을 살펴본다.
   2 개혁교회와 다른 교파전통들의 공통점과 차이점을 이해하도록 한다.
   3 로마가톨릭교회와 개신교의 신학적 차이점을 분명히 한다. |

16세기의 종교개혁은 교리와 윤리적인 면에서 부패한 중세 로마가톨릭교회를 개혁하고 성경의 진리로 교회를 회복시키려는 운동이었다. 종교개혁운동은 다섯 가지 모습으로 나타났다.

첫째는 마틴 루터(Martin Luther, 1483~1546)의 종교개혁이다. 루터는 어거

스틴수도원의 수도사이자 비텐베르크 대학의 성서학 교수였다. 그는 로마가톨릭교회의 성례전 구조 안에서 구원의 확신을 갖지 못하고 불안에 떨다가 1512~1515년 사이에 성경을 통해 복음을 발견했다. 특히 '믿음으로 의롭게 인정받는다'는 바울의 "이신칭의" 신학으로 구원의 확신을 얻었다. 면죄부 판매가 극심해지던 1517년 10월 31일, 루터는 비텐베르크 성당의 입구에 95개 조항의 반박문을 내걸었다. 그것은 면죄부 판매의 신학적 정당성에 대한 질문이었다.

이 사건은 루터 자신도 전혀 예상하지 못한 혁명적 변화를 불러일으켰다. 당시 중세말기에는 봉건체제의 붕괴, 교회의 부패, 농민들의 가난과 봉기, 흑사병의 범람과 같은 위기가 고조되어 있었다. 이런 환경 속에서 루터의 종교개혁은 독일과 유럽에서 들불처럼 번져나갔다. 그러자 1521년 1월 3일, 로마가톨릭교회는 루터를 파문했고 황제는 체포 명령을 내렸다. 그러나 루터는 지지자들의 보호를 받으면서 종교개혁을 진행했다. 루터의 종교개혁은 독일에서 북유럽의 스칸디나비아(덴마크, 스웨덴, 노르웨이)로 확산되어, 루터파 교회전통을 형성했다.

둘째, 스위스에서 일어난 개혁파 종교개혁이 있다. 츠빙글리(Huldrych Zwingli)는 취리히(1518)에서, 파렐(William Farel)은 베른(1528)에서, 외콜람파디우스(Johannes Ecolampadius)는 바젤(1562)에서, 마틴 부처(Martin Bucer)는 스트라스부르크(1523)에서 그리고 칼뱅(John Calvin)은 제네바(1536)에서 각각 종교개혁을 지도했다. 영국의 엘리자베스 여왕은 1560년에 스위스 종교개혁의 전통을 '개혁교회전통'(the reformed tradition)이라고 불렀는데, 그 이후

17세기에 이 용어는 공식용어가 되었다. 이 개혁전통은 프랑스, 스코틀랜드, 영국, 네덜란드, 독일, 헝가리, 체코, 폴란드로 이식되었고, 영국에서 미국과 오스트레일리아로, 각종 선교활동을 통해 전 세계로 확산되었다.

셋째, 과격파 종교개혁(Radical Reformation)이 있다. 이들은 유아세례를 반대했고 재세례를 베풀었기 때문에 "재세례파"라고도 한다. 국가교회를 반대하여 과격한 정교분리를 택하면서 교회의 완전성화를 강조했다. 과격파 종교개혁자들은 스위스 계통과 독일 계통의 사람들이 있었는데 독일계통의 일부는 영성주의자들로서 성만찬과 삼위일체 교리와 교회제도를 거부했다. 멜키오르 호프만과 토마스 뮌쩌 같은 사람들은 땅 위에 메시아 왕국을 건설하려는 목적으로 폭력을 사용하기도 했다. 이들은 '이신칭의'를 거부하고 율법주의적 '제자의 도'를 강조했다.

넷째, 영국성공회의 종교개혁이다. '성공회'(the Anglican Church)는 영국의 국왕 헨리 8세(1491~1547)로부터 시작된 영국의 종교개혁에서 시작되었다. 영국에는 이미 15세기부터 독자적인 개혁의 움직임이 있었다. 옥스퍼드 대학의 존 위클리프는 교황제도를 비판하고 성경을 영어로 번역하였다. 지식인층에서는 존 콜레트, 존 피셔, 토마스 모어와 같은 인문주의자들이 로마가톨릭교회를 비판하였다. 처음에 헨리 8세는 철저한 로마가톨릭교회의 옹호자였다. 헨리 8세는 형의 미망인 아라곤의 캐서린과 정략적으로 결혼했으나 아들을 낳지 못하자 이혼하고 1533년에 궁녀 앤 볼린과 결혼했다. 가톨릭교회는 이 문제를 교회의 권위와 성례전에 대한 도전으로 받아들였고, 헨리 8세를 파문했다. 1534년에 국왕은 자신이 영국 교회의 유일한 최고의 수장(首長)이며, '이단들'과 '교회의 병폐'에 대해 전권을 가지고 개혁할 수 있다는 '수장령'을 발표했다. 비록 헨리 8세는 교리적으로는 가톨릭에 가까웠지만, 그의 주변에는 윌리엄 틴데일, 토마스 크랜머, 리들리, 라티머, 후퍼와 같은 개혁적인 신학자들이 있었다. 헨리 8세의 뒤를 이은 에드워드 6세는 성공회를 개신교화하는 데 크게 기여했다. 성공회는 예전은 가톨릭을, 신학은 개신교를 따르는 중도의 길(via media)을 갔다.

다섯째, 로마가톨릭교회의 반(反)종교개혁이 있었다. 로마가톨릭의 개혁운동은 종교개혁에 대한 반격으로 일어났기 때문에 반(反)종교개혁이라고 부른다. 루터의 종교개혁이 시작되고 25년 동안 로마가톨릭교회는 개신교의 공격에 속수무책이었다. 교황 바오로 3세(1534~46)시절, 추기경 콜타리니, 카라파, 사돌레토, 폴과 같은 가톨릭 신학자들이 개신교 종교개혁에 대응하는 반종교개혁을 주도했다. 이냐시우스 로욜라와 사비에르는 '예수회'를 창설해서 해외선교에 큰 성과를 거두었다. 1545~63년에 열린 트렌트 공의회(Trent Council)는 개신교의 신학적 주장들에 대해 반대되는 입장을 확인했다. 트렌트 공의회는 '성서만으로'에 대응해서 '성경과 전통'을 강조했고, '이신칭의'에 대응해서 '이신칭의와 성화'를 구분하지 않고 성화의 과정을 구원으로 보았다. 또 루터가 성례를 세례와 성만찬으로 축소시킨 것에 반대하여 7성례를 재확인했다.

| 요점정리 |
- 종교개혁에는 루터파, 개혁파, 과격파, 성공회, 로마가톨릭의 반(反)종교개혁이 있었다.
- 루터파는 독일에서, 개혁파는 스위스에서, 성공회는 영국에서, 과격파는 스위스와 독일에서 시작되었다.
- 성공회는 예전은 로마가톨릭을, 신학은 개신교를 따랐다.
- 종교개혁과 트렌트 공의회의 비교

	종교개혁신학	트렌트 공의회
권위	오직 성경(성령의 영감)	성경과 전통(교황의 교도권)
구원관	이신칭의(오직 은총)	성화(신인협동)
인간관	노예의지(의인이며 죄인)	세례받은 자는 원죄가 없다.
	가시적 교회와 불가시적 교회	보이는 교회 밖에 구원이 없다.
교회론	만인제사장설	중재자로서 교권 구조
	세례, 성만찬	7성례(세례, 견진, 고해, 미사, 결혼, 서품, 종유)

츠빙글리와 취리히의 종교개혁

| 목적 • 개혁교회운동의 창시자였던 츠빙글리의 생애를 살피고 취리히 종교개혁운동의 특징을 이해한다. |

● 배경

13세기 중엽까지도 스위스는 통일된 국가가 아니었다. 높은 산맥과 호수들이 자연스럽게 작은 도시국가들의 경계선을 이루고 있었다.

1291년에 각 지역의 대표들이 함께 모여 '계약 공동체'를 만들면서 스위스가 형성되었다. 16세기 초반에 스위스 계약 공동체 안에는 13개의 도시국가들이 있었다. 16세기 취리히는 인구 5,000명의 도시였고 바젤과 제네바는 각각 인구 1만 명의 작은 도시였다. 당시 취리히는 인구증가, 수공업의 몰락, 토지 없는 농민의 증가, 도시빈민의 증가로 경제적인 위기를 겪고 있었다. 이런 상황에서 스위스의 젊은이들은 용병으로 팔려가 돈을 벌거나 노략질을 했다.

● 츠빙글리(1484~1531)의 생애

츠빙글리는 두 성직자 삼촌들의 도움으로 일찍부터 좋은 교육을 받으며 성장했다. 츠빙글리는 1498년 오스트리아 빈에서 대학을 다녔고, 1502년에 바젤로 와서 다시 대학공부를 하고 1506년에 인문학 석사학위를 받았다. 그리고 같은 해 사제서품을 받았다. 츠빙글리는 중세철학과 인문주의 교육을 철저하게 받았다. 그 후 그는 고향 근처 글라루스에서 목회를 시작했다. 츠빙글리는 우선 용병제도의 폐해를 절감하였다. 1494년 이탈리아 안에서 프랑스와 합스부르크 왕가가 싸울 때, 스위스 용병들은 자기들끼리 전쟁을 하는 비극을 경험했다. 1513년 츠빙글리는 노바라 전투에 군목으로 참여했다가 용병에서 돌아온 사람들이 야수가 되거나 장애인이 되는 것을 보았다. 그 후에 그는 인문주의자들과 함께 평화주의를 주장하였다. 취리히에 프랑스의 영향력이 강해지면서 교황 편을 들었던 츠빙글리는 외딴 곳으로 좌천되었고 그곳에서 목회를 하면서 성서연구, 신학연구에 열중했다. 1518년에 취리히 그로스뮌스터(Grossmünster) 교회의 청빙을 받고 1519년부터 1531년 사망할 때까지 취리히의 종교개혁을 감당하였다.

츠빙글리는 설교하는 것을 가장 중요하게 생각했다. 그는 복음을 선포하면서 교회가 초대교회의 도덕적 정결성도 본받을 것을 강조했다. 1519년 흑사병에서 기적적으로 살아난 츠빙글리는 요한복음과 어거스틴 연구를 통해 '믿음 안에서 구원을 얻는다'는 복음진리를 확신하게 되었다. 그 다음부터 츠빙글리와 그의 추종자들은 사순절 기간에 지켜야 할 금식규례를 깨뜨렸고, 성자 숭배와 마리아 숭배를 비판했고, 수도원의 현실과 성직자 독신제도에 대해 문제를 제기했다. 취리히 성직자들은 츠빙글리를 전폭 지지했다. 시의회는 1523년 1월과 9월에 가톨릭신학자와 츠빙글리 간에 두 차례의 공개신앙토론회를 마련하였다. 츠빙글리는 그 토론회에서 구원을 위해 "오직 성경, 오직 그리스도"가 필요하다고 주장했고, 미사가 희생제사라고 주장하는 가톨릭교회의 입장을 반박했다. 시의회는 츠빙글리를 지지함으로써 1523년부터 취리히 종교개혁은 시작되었다.

● **취리히 개혁교회의 시작**

츠빙글리는 1524년 미사를 폐지시켰다. 그는 성가대와 오르간을 폐지했고, 예배순서를 간략하게 했다. 성만찬의 용기도 나무로 만든 검소한 것을 사용했다. 츠빙글리는 설교중심의 예배를 드렸고, 성만찬을 1년에 네 차례(성탄절, 부활절, 성령강림절, 가을) 실시했다. 그러나 대부분은 세 차례 실시되었다. 1528, 29년경에 츠빙글리의 "취리히 예배 모범"이 작성되었다. 한편 1523년 9월 29일, 그로스뮌스터교회와 행정당국은 계약을 맺고 교회가 자체적으로 소출세를 거두고 경제적으로 독립할 수 있도록 했다. 츠빙글리는 경제력을 바탕으로 1525년부터 교육개혁을 했다. 그는 라틴어학교를 정비하여 '선지자학교'(Prophezei~신학교)를 세우고, 히브리어와 헬라어 선생을 모셔왔고, 성경주석 작업을 체계적으로 진행했다. 츠빙글리는 그로스뮌스터교회와 신학교에서 신약성경 전체를 골고루 설교했고, 신구약성경의 대부분을 주석했다. 그리고 1529년 성경번역을 완성하여 1531년 독일어 번역 성경을 취리히에서 인쇄했다.

● **취리히 종교개혁의 확산**

츠빙글리의 개혁목표는 스위스 전체를 개혁진영으로 만드는 것이었다. 그러나 스위스 연방지역대표자회의는 1526년 5월, 로마가톨릭교회를 지지하고 츠빙글리의 종교개혁을 반대하는 결정을 내렸다. 그래서 스위스는 두 진영으로 나뉘었다. 글라루스, 솔로투른, 프리부르그, 아펜젤은 가톨릭진영이었고, 베른, 바젤, 샤파우젠과 취리히는 종교개혁진영이었다. 주로 가톨릭진영은 농촌이었고 개혁진영은 도시였다. 스위스연방체에서 가장 강력한 도시국가였던 베른은 1528년 1월 27일에 츠빙글리의 영향을 받아 시의회가 가톨릭교회의 미사를 폐지하고 성화를 교회 바깥으로 떼어낸다고 선포했다. 베른의 변화는 종교개혁에 큰 힘이 되었다.

● 1, 2차 카펠 전쟁

스위스 안에서 가톨릭진영과 종교개혁진영은 각각 군사동맹을 맺고 대립했다. 이런 상황에서 가톨릭교회 지역인 슈비츠에서 취리히 출신 설교자 카이저(Jakob Kaiser)를 처형하는 사건이 발생했다. 취리히는 베른과 합세하여 군사를 일으켰고, 가톨릭진영도 군대를 편성하여 알비스의 카펠(Kappel)에 진을 쳤다. 그러다가 1529년 6월 29일에 제1차 카펠평화조약이 체결되었다. 그 이후 종교개혁진영의 설교자들은 보다 적극적으로 가톨릭 지역에서 설교했다. 여러 지역에서 수도원이 팔리고, 수도원장이 파면되고, 수도원 소유의 땅이 시의회의 손으로 넘어갔다. 가톨릭교회는 큰 충격을 받았고 전통적인 5개의 가톨릭진영은 반종교개혁을 전개했다. 1531년 5월, 츠빙글리는 스위스 내륙으로 가는 길목을 차단하고 5개의 가톨릭도시를 고사하도록 했다. 그러나 종교개혁진영 안에서도 이 행동이 지나치다는 비판여론이 형성되었다. 1510년 11월 가톨릭은 이 틈을 타서 카펠에 주둔한 취리히 군사를 공격했고 츠빙글

22

리는 여기서 사망했다. 이로써 츠빙글리의 개혁운동은 막을 내렸다.

| 요점정리 |
- 츠빙글리는 취리히의 종교개혁자였다. 그는 처음에 용병제도의 폐단을 보고 인문주의자들을 지지했으나 흑사병에서 살아난 이후 성경에서 복음을 발견하고 회심했다.
- 츠빙글리 종교개혁의 특징들
  - 시의회의 적극적인 지지를 얻으면서 진행되었다.
  - 취리히 예배 모범을 작성하여 미사를 폐지하고, 설교 중심의 예배를 드렸다.
  - 성가대와 악기 사용을 중지했고, 성만찬을 1년에 네 차례로 정했다.
  - 교육을 개혁하고 성서를 번역했다.
- 츠빙글리는 스위스 전체를 종교개혁진영으로 만들 꿈을 가지고 가톨릭군대와 전투를 벌였고 제2차 카펠전투에서 사망했다.

칼뱅과 제네바의 종교개혁

| 목적 • 장로교의 창시자 칼뱅의 생애를 이해하고 칼뱅이 주도한 제네바 종교개혁의 배경을 이해한다. |

● 칼뱅의 초기시절

쟝 칼뱅(John Calvin, 1509~64)은 1509년 7월 10일, 오늘날의 벨기에와 프랑스 파리 사이에 있는 누아용(Noyon)에서 태어났다. 그는 누아용의 주교 샤를 드 앙제(Charles de Hangest) 집안의 아이들과 가까이 지냈고, 1523년경 파리에서 인문학을 공부했고, 몽때귀 대학(Collége de Montaigu)에서 공부하고 1527년 문학석사 학위를 받았다. 그는 아버지의 권유로 성직자의 길을 포기하고 1528년에 올레앙 대학(Orléans)에서 법학을 공부했고 1532년에 법학박사 학위를 받았다. 1532년 칼뱅은 인문주의 입장에서 저술한 「세네카의 관용론」(de Clementia)을 출판했다. 1532~34년 사이에 칼뱅은 "갑작스런 회심"을 체험했다. 1533년 칼뱅의 친구였던 파리 대학의 총장 꼽(Nicolas Cop)이 취임연설을 하면서 종교개혁사상을 선포했다. 이 연설문은 칼뱅이 직접 썼거나 큰 영향력을 끼친 것이었다. 이로 인해 칼뱅은 로마가톨릭교회의 박해를 피해 도피생활을 하게 되었다. 1534년 4월까지 칼뱅은 파리의 친구 집에서 은거하여 지내면서 「기독교강요」를 준비했다. 이때 또 프랑스 안에서 가톨릭의 미사를 미신이라고 고발하는 플래카드 사건이 발생하면서 칼뱅의 친구가 화형을 당했다. 칼뱅은 1535년 바젤로 피신을 했고 그곳에서 1536년에 약관 26세의 나이로 저 유명한 「기독교강요」 초판을 출판했다. 이 책을 쓴 목적은 프랑스에서 박해받고 있는 종교개혁운동의 지지자들을 변호하고 종교개혁신학을 변증하려는 것이었다. 이 책은 칼뱅을 종교개혁진영의 스타로 만들었다.

● 제1차 제네바 종교개혁(1536~38)

칼뱅은 1536년 프랑스로 돌아가서 가사 일을 정리하고 동생과 함께 스트라스부르크에 가서 살려고 했다. 그러나 당시 프랑스와 독일 사이의 전쟁으로 길이 막혀서 그는 제네바를 경유하게 되었다. 이때 제네바의 종교개혁자 파렐(William Farel, 1489~1565)은 밤중에 칼뱅의 숙소를 찾아와서 제네바의 종교개혁을 도와달라고 했다. 칼뱅은 그것을 거절했으나 파렐은 하나님의 명령을 거부하고 도망갔다가 물고기 뱃속으로 들어간 요나 사건을 예로 들어 하나님이 칼뱅을 저주할 것이라고 협박했다. 칼뱅은 그 말에 굴복하여 제네바로 가서 성경을 가르치는 교수로 일하게 되었다. 당시 제네바의 무질서와 패륜은 심각한 상태였다. 칼뱅과 파렐은 1537년 1월 16일 "제네바 교회의 조직과 교회의 예배에 관한 신앙고백서"를 제출했다. 그 내용은 시민의 성화된 삶을 위해 매 주일 성만찬을 베풀고 성만찬을 둘러싼 치리를 하자는 것이었다. 그들은 평상시에 방종, 폭음, 음행을 일삼다가 성찬식에 참석하는 사람들에게 시의회에서 수찬정지를 내릴 것을 요청했다. 그러나 그것이 시정되지 않자 칼뱅과 파렐은 성찬집례를 거부했고, 제네바시는 그들을 추방했다.

● **스트라스부르크 피난민 목회시절(1538~41)**

칼뱅이 바젤에 머물고 있을 때, 스트라스부르크 종교개혁자 마틴 부처는 칼뱅을 찾아와서 파렐이 했던 것과 같은 방식으로 협박해서 칼뱅을 스트라스부르크로 데려갔다. 칼뱅은 그곳에서 만 3년 동안 프랑스 이민교회 목사로, 스트라스부르크 대학의 신학교수로 봉직했다. 이곳에서 칼뱅은 1540년 네덜란드인 미망인 이텔레뜨 뷔런(Idelette de Buren)과 결혼했다. 목회와 교수생활 외에도 「기독교강요」 제2판(1539), 「로마서 주석」(1540)을 출판했고, 독일에서 열렸던 국제적인 종교회의들에 참석하여 루터파, 개혁파 종교개혁자들 및 로마가톨릭신학자들과 만나면서 견문을 넓혔다. 칼뱅이 스트라스부르크에 있는 동안 로마가톨릭의 추기경 사돌레토(Jacopo Sadoleto)는 제네바시민들을 가톨릭교회로 회유하는 글을 썼는데 이를 응대할 만한 사람이 없었다. 칼뱅은 제네바시의 요청을 받아들여 반박문을 썼고 이를 계기로 제네바시는 다시 칼뱅을 제네바의 종교개혁자로 초빙했다.

● **제2차 제네바 종교개혁(1541~64)**

칼뱅은 제네바에 도착해서 우여곡절 끝에 "제네바교회법"(Ecclesiastical Ordinances, 1541)을 통과시켰다. 이 문서는 장로교 4중직제(목사, 장로, 집사, 교사)와 장로교회정치(당회-노회-대회-총회)를 담고 있었다. 칼뱅은 하나님의 영광을 위해서 교회의 성화를 중요시 했고 성화를 위해 교회의 치리를 중요시했다. 1542년에 어린이 신앙교육을 위한 '요리문답서'와 제네바에서 사용된 '예배예식서'를 작성했다. 칼뱅은 단순하면서도 엄격한 예배를 원했고, 예배는 이해 가능해야 한다고 보았다. 스트라스부르크에서 시작된 '시편찬양'이 제네바에서도 실행되었다. 칼뱅은 복잡한 화음을 거부하고 단음의 시편 찬양을 선호했다. 제네바는 인접한 가톨릭 도시국가 사보이의 위협 아래 있었는데, 베른의 군사적 지원을 통해서 독립을 유지할 수 있었다. 칼뱅은 1559년에 제네바에 '신학아카데미'를 설립하여 유럽 전역에서 몰려오는 젊은이들에게 개혁신학을 훈련시켜 개혁교회전통을 널리 확산시켰다. 칼뱅은 또한 교회일치를 위한 노력을 지속했다.

칼뱅은 제네바에서 수많은 신학적, 정치적 방해자들을 만났다. 첫째는 반(反)삼위일체론자들, 둘째는 예정론과 은총론을 반대하는 자, 셋째는 인간의 죄성을 약화시키고 자유의지를 주장하는 자들, 넷째는 루터파 신학자 베스트팔(Westphal)과의 성찬론 논쟁, 다섯째는 유아세례를 반대하는 재세례파와의 논쟁, 여섯째, 교회의 치리와 윤리를 어지럽히는 자유주의자들과 논쟁을 하면서 신학을 발전시켰다. 평생을 하나님의 영광을 위해 일했던 칼뱅은 그의 「기독교강요」 제5판(1559)의 마지막을 "하나님을 찬양하라!"로 마쳤다. 그는 임종시에 "내가 잠잠하고 입을 열지 아니하옴은 주께서 이를 행하신 연고니이다"(시39:9)라는 시편을 묵상하면서 1564년 5월 27일에 하나님의 품으로 갔다.

| 요점정리 |

쟝 칼뱅은 프랑스에서 태어나 인문주의 영향을 받았고 법학을 공부했다. 회심을 경험한 후 프랑스 종교개혁운동에 참여했고, 박해를 피해서 도피생활을 했다. 1536년 26세의 나이로 불후의 명작「기독교강요」초판을 썼다. 그 후 제네바의 종교개혁(1536~38)에 참여했으나 제네바의 무절제한 삶을 바로잡으려다 추방당했다. 그리고 스트라스부르크에 가서 프랑스 피난민들을 위한 목회(1538~41)를 하면서 자신의 신학사상을 더 발전시켰다. 칼뱅은 다시 제네바시의 부름을 받고 일평생 제네바종교개혁(1541~64)에 기여했다. 이때 칼뱅이 제시한 "제네바교회법"(1541)은 장로교직제(목사, 장로, 교사, 집사)와 장로교정치제도(당회-노회-대회-총회)의 기초를 제시했다. 칼뱅은 어린이 신앙교육을 위해 '요리문답서'를 만들었다. 단순하고 엄숙한 예배와 단음의 시편 찬양을 선호했다. 그리고 유럽 전역에서 몰려드는 젊은이들을 제네바 아카데미에서 훈련시켜 개혁주의를 전 유럽으로 확장시켰다. 칼뱅은 교회일치를 중요시했다. 그는 예정론, 삼위일체론, 은총론, 세례와 성만찬론 등에 많은 공헌을 했다.

개혁교회의 주요 신앙고백서들

| 목표 • 루터파와 개혁교회의 차이를 이해한다.
　　　　중요한 개혁교회 신앙고백서들이 만들어진 배경을 이해한다. |

● **루터와 츠빙글리의 분열**

만일 루터파와 개혁파가 일치했더라면 개신교회는 분열을 막고 일치를 이룰 수 있었을 것이다. 1528년에 신성로마제국 황제 찰스 5세는 교황과 협력해서 종교개혁을 말살하려고 했다. 이러한 위기 상황에서 루터파였던 독일 헤센(Hessen)의 영주 필립은 독일의 루터와 스위스의 츠빙글리를 하나로 연합시키려고 했다. 1529년 10월 1일부터 3일까지 츠빙글리와 루터는 독일의 마르부르크(Marburg)에서 15개의 주제를 가지고 토론을 했다. 양쪽은 14개 주제에 대해서는 일치했으나 마지막 성만찬에 대해서는 견해가 달라 격렬하게 논쟁했다. 루터는 성만찬의 떡과 잔에 예수님의 "몸이 실재" 하신다고 주장했고, 츠빙글리는 물질이 영적인 것을 담을 수 없기 때문에 성만찬의 떡과 잔은 주님의 "몸을 의미한다"고 주장했다. 이로 인해 둘은 합의를 이루지 못했다. 1530년 루터파는 '아우구스부르크 신앙고백서'를 작성하여 루터파를 형성했고, 츠빙글리파도 독자적인 신앙고백서를 작성했다. 루터파의 성만찬론은 공재설(共在說)이라 하고, 츠빙글리의 성만찬론은 기념설(記念說)이라고 한다.

● 「제1 스위스 신앙고백서」(Confessio Helvetica prior, 1536)

츠빙글리의 신학유산을 지키려고 하는 스위스의 독일어권의 개혁자들은 1536년 1월 30일부터 2월 4일까지 스위스 바젤에 모여서 신앙고백서를 만들었다. 그들은 츠빙글리의 후계자인 취리히의 불링거(Heinrich Bullinger)와 유드(Leo Jude), 바젤의 그뤼네우스(Grynaeus)와 뮈코니우스(Myconius), 베른의 메간더(Megander), 스트라스부르크의 부처와 카피토(Capito)였다.

● 「취리히 협약」(Consensus Tigurinus, 1549)

1546년에 신성로마제국의 황제 찰스 5세는 교황과 함께 가톨릭 세력을 결집하여 슈말칼덴(Schmalkalend) 동맹을 맺고 군사력으로 루터파를 격파했다. 독일에서 승리한 황제는 그 여세를 몰아 스위스로 쳐들어 올 기세를 보였다. 스위스연방공동체는 결속을 다지고 프랑스의 황제 앙리 2세와 협상을 벌였고, 독일어권 개혁교회는 칼뱅이 있는 제네바와 결속을 다지려고 했다. 칼뱅은 온 개신교회의 일치를 원했지만 루터파와 츠빙글리파가 일치할 수 없게 되자 먼저 스위스 개혁교회만의 일치를 추구했다. 칼뱅은 1547년 2월과 1548년 5월에 취리히를 방문하여 츠빙글리의 후계자 불링거와 함께 협의하여 공동의 신앙고백서 「취리히 협약」을 발표했다. 이 신앙고백서는 독일어와 불어를 쓰는 스위스 개혁파를 하나로 묶어 주었다.

● 「제2 스위스 신앙고백서」(Confession Helvetica Posterior, 1566)

찰스 5세는 가톨릭을 재건하려는 종교정책을 펼쳤지만, 루터파의 존재를 인정할 수밖에 없었다. 로마가톨릭과 루터파는 1555년 아우구스부르크 평화회담을 맺었다. 거기서 영주가 믿는 종교를 그 지역의 종교로 한다(cuius regio eius religio)는 원칙을 세웠다. 그러나 개혁교회는 더 불안한 상황이 되었다. 프랑스의 위그노(프랑스 개혁주의자)들은 박해를 피해 제네바로 피난을 오고 있었다. 또 스위스 안에서도 예정론이 일치되지 않아 다투고 있었다. 이때 1563년 독일의 팔츠(Pfalz)주의 영주 프리드리히 3세는 개혁주의를 받아들였고, 우르시누스(Z. Ursinus)와 올레비아누스(K. Olevianus)에게 「하이델베르그 신앙고백서」를 작성하게 했다. 새로운 황제 막시밀리안 2세는 팔츠에서 개혁교회를 뿌리뽑기 위해 군사적 위협을 가했다. 영주 프리드리히는 스위스 개혁교회에 도움을 요청하면서 공동신앙고백서를 작성해줄 것을 부탁했다. 그 당시 공동신앙고백서는 정치적 동맹을 뜻하는 것이었다.

불링거는 1561년 자신이 개인적으로 준비해두었던 초안을 수정하여 「제2 스위스 신앙고백서」를 작성해서 프리드리히에게 보냈다. 이 신앙고백서는 스위스, 스코틀랜드, 헝가리, 프랑스, 폴란드, 체코의 보헤미아형제단 모두 수용한 개혁교회를 대표하는 신앙고백서가 되었다.

| 요점정리 |
- 마르부르크회담(1529): 루터와 츠빙글리는 성만찬론에 대한 이견 때문에 갈라졌다.
- 성만찬론에서 루터는 '공재설'을 츠빙글리는 '기념설'을 주장했다.
- 「아우구스부르크 신앙고백서」(1530): 루터파의 첫 신앙고백서였다.
- 「제1 스위스 신앙고백서」(1536): 스위스의 독일어권을 묶는 신앙고백서였다.
- 「취리히 협약」(1549): 제네바의 칼뱅과 취리히의 불링거가 스위스 개혁교회를 하나로 묶기 위해 작성한 신앙고백서였다.
- 「하이델베르크 신앙고백서」(1563): 독일의 팔츠 주에서 작성한 개혁적 신앙고백서였다.
- 「제2 스위스 신앙고백서」(1566): 스위스와 독일의 개혁교회를 하나로 묶어주었고, 개혁교회의 대표적인 신앙고백서였다.

개혁진영 종교개혁운동의 확산

| 목표 • 스위스에서 발전된 개혁전통은 칼뱅의 노력으로 유럽 전역으로 확산되었다.
개혁사상이 대륙의 프랑스, 네덜란드, 독일, 폴란드, 헝가리, 영국의 잉글랜드, 스코틀랜드, 아일랜드, 북미의 미국과 캐나다, 태평양의 호주, 뉴질랜드, 남아프리카로 확산되는 역사를 살펴본다. |

● 유럽의 개혁교회들

[1] 프랑스

프랑스 개혁교회는 칼뱅주의 영향을 받으면서 1540년대에 시작했다. 1546년 스트라스부르크교회 모델을 따르는 개혁교회가 프랑스 모우(Meaux)에 생겼고, 1555년 제네바 모델을 따르는 개혁교회가 파리에 세워졌다. 프랑스 왕 프란시스 1세(1515~47)와 그의 계승자 헨리 2세의 치하에서 위그노들은 많은 박해를 받았다. 1559년에 파리에서 프랑스 개혁교회 총회가 비밀스럽게 개최되었다. 70개의 교회가 대표를 파송하도록 통보를 받았으나 30개 미만의 교회만이 대표를 파송했다. 이 총회는 칼뱅이 작성한 라로쉘 신앙고백서(La Rochelle Confession)를 채택했다. 프랑스 개혁교회 목사들은 「갈리칸 신앙고백서」와 「교회치리법」(Ecclesiastical Discipline)에 서명했다. 갈리칸 신앙고백서는 박해받던 프랑스 개혁교회에 대한 변증서였다. 프랑스 개혁교회는 18개 항목의 신앙고백서를 만들어 제네바로 보냈는데, 칼뱅과 그의 제자가 완성을 해서 다시 프랑스로 보냈다. 1571년 라 로쉘(La Rochella)에서 열린 프랑스 개혁교회의 전국대회는 40개 항목으로 수정된 「갈리칸 신앙고백서」를 발표했다.

　1572년 성 바돌로매의 날에 프랑스 전역에서 약 7만 명의 위그노들이 학살되었다. 이로 인해 개혁교회와 가톨릭 사이의 전쟁은 1598년까지 지속되었다. 1598년 개신교에 호의적이었던 나바르의 앙리(1589~1610)가 낭트칙령을 공포하여 개혁주의는 잠시 자유를 얻었으나 1685년 루이 14세는 그 칙령을 취소했다. 이때 4만 명 이상의 프랑스 위그노들이 미국, 영국, 독일, 남미로 이주했다. 1787년에 자유의 칙령이 발표되어 개신교인들이 로마가톨릭교회의 허락 없이도 출생·결혼·사망신고를 할 수 있게 되었다. 1789년 프랑스혁명은 프랑스에 반종교적 기운을 불러일으켰다. 그러나 혁명은 개혁교회에 자유를 주었다.

　1802년 나폴레옹은 가톨릭, 루터파, 개혁파가 공존할 수 있는 제도적 장치를 마련했다. 국가는 교회의 목사들에게 봉급을 지급했지만, 프랑스 개혁파들은 국가가 교회를 간섭하는 것을 우려하여 지원을 거부했다. 19세기 복음주의 부흥운동이 일어나면서 교회의 영적인 삶이 갱신되었고, 평신도들이 전도, 학교, 병원, 각종 구제시설에서 앞장서서 활동했다. 개혁교회는 1820년에 시작된 파리선교회의 해외선교활동에도 적극 동참했다. 그러나 교회정치와 장로교식의 상회(上會) 구조가 없는 프랑스 개혁교회는 새로운 신학사조의 영향으로 쉽게 분열되었다. 1906년 모든 프랑스 교회들이 국가의 간섭으로부터 자유를 얻었는데 이때 개혁교회는 세 개로 분열되어 있었다. 그 후 개혁파교회는 교리상 다소 엄격한 교회와 자유로운 교회로 양분되었다. 1938년 두 개혁파교회는 연합을 결의했고, 몇몇 자유교회와 감리교회와 연합해서 프랑스 개혁교회(The Reformed Church of France)를 형성했다.

| 요점정리 |
- 1540년대에 개혁교회가 시작되었고, 1559년에 총회를 조직했다.
- 갈리칸 신앙고백서가 대표적인 신조이다.
- 프랑스 위그노들은 1598년 낭트칙령으로 잠시 자유를 얻었으나 1685년 루이 14세는 그 칙령을 취소했다. 1789년 프랑스혁명을 기점으로 프랑스 개혁교회는 완전한 자유를 얻었다.
- 19세기 프랑스 개혁교회는 영적 자유를 위해 국가의 지원을 거부했다.
- 1938년 개혁교회는 감리교회와 자유교회와 연합하여 프랑스개혁교회를 형성했다.

[2] 네덜란드

종교개혁 당시 네덜란드는 스페인 왕이 다스리고 있었다. 필립 2세는 1520년에 루터작품을 정죄했고, 1523년에 루터파를 화형시켰다. 츠빙글리와 로드(Rode)의 노력으로 1523년에 네덜란드에 개혁주의가 이식되었고, 1550년대 후반에는 개혁교회 전통이 정착되었다. 네덜란드 개혁전통은 스페인으로부터의 독립전쟁(1568~1648)과 연계되어 있었다. 오렌지공 윌리엄(William the Silent of Orange)을 중심으로 40년간의 투쟁 끝에 개혁파들은 북부 네덜란드를 스페인으로부터 해방시켜 네덜란드가 독립되었다. 그러나 남부는 가톨릭 지역으로써 벨기에가 되었다. 1561년 기 드 브레(Guy de Brés)가 작성한 신앙고백서는 1566년에 「벨기에 신앙고백」으로 채택되었다. 이 신조는 남부 네덜란드에서 박해받았던 개신교도들을 위하여 기록되었다가 도르트 총회(1618~19)에서 채택되면서 대표적인 신조가 되었다. 1571년 네덜란드 개혁교회는 엠덴 대회(Synod of Emden)에서 정치와 종교를 분리하는 장로교 교회정치를 확립했다.

네덜란드는 유럽에서 개혁교회 신앙을 전파하는 데 가장 강력한 영향력을 행사했다 신앙의 박해를 피해 네덜란드에 온 사람들은 뜨거운 환영을 받고 보금자리를 얻었고, 장로교주의에 대한 확신을 가지고 자국으로 돌아가서 개혁주의 운동을 전했다. 17세기 네덜란드는 해상의 강대국으로 성장했고, 식민지 팽창을 통해 아시아와 아프리카에 개혁교회를 전했다. 네덜란드 이주민들은 미국, 남아프리카, 인도네시아 등으로 흩어졌다.

네덜란드 개혁교회는 1651년에 국가교회로 특권을 누렸으나 1795년의 바타비아 혁명이후 정교분리의 원칙을 택했다. 1848년 헌법은 종교의 자유를 허락했다. 제2차 세계대전 이후 네덜란드 개혁교회는 지속적인 분열과 강한 세속주의로 인해 점점 약화되었다.

1603년 라이든 대학의 교수였던 아르미니우스(Jacob Arminius, 1560~1609)는 칼뱅주의 이중예정론(선택자와 불택자가 처음부터 예정되어 있다는 이론)을 반대했다. 이로 인해 칼뱅주의와 아르미니우스주의 논쟁이 일어났다. 이 논쟁은 단순히 신학적인 논쟁만이 아니었다. 아르미니우스의 반대파들은 국가로부터 교회의 독립을 추구했던 사람들이었다. 이 논쟁은 1618년 11월 13일에서 1619년 5월 29일까지 열린 도르트 회의(Synod of Dordrecht)에서 결말이 났다. 도르트 회의는 "칼뱅주의 5대 강령"(① 인간의 전적 타락, ② 하나님의 무조건적인 선택, ③ 제한된 사람만의 구원, ④ 저항할 수 없는 은총, ⑤ 구원에 이르도록 성도에 대한 최종적인 견인)을 중심교리로 택했다.

| 요점정리 |
- 네덜란드 개혁교회는 1523년에 전파되었고 1550년대 후반에 정착되었다.
- 개혁교회는 스페인으로부터 네덜란드를 독립시키는 운동(1568~1648)을 주도했다.
- 1566년에 벨기에 신앙고백서가 채택되었다.
- 1619년 칼뱅주의자들은 "칼뱅주의 5대 강령"을 택했다.

	칼뱅 정통주의	아르미니우스주의
인간론	전적타락(Total depravity)	자유의지 의존
예정론	무조건적 예정 (Unconditional election)	예지 예정
속죄론	제한적 속죄(Limited atonement)	무한선택 구원
은총론	불가항력적 은총(Irresistible grace)	은총에 자유의지로 저항 가능
성도	성도의 견인 (Perseverance of Saints)	성도의 타락 가능

[3] 독일

종교개혁자 마틴 부처는 스트라스부르크(당시 독일)에 개혁전통을 받아들였다. 1555년 아우구스부르크 평화협정 이후 루터교가 이곳에 자리를 잡았다. 또 팔츠 주(州)의 하이델베르크와 나사우(Nassau)와 베젤(Wesel)에도 개혁전통이 뿌리를 내렸다. 그 결과 팔츠 주에서는 「하이델베르크 요리문답」(1562)이 작성되었다.

독일에서는 1917년에 개혁파와 루터파가 연합하여 연합교회를 형성했다. 1934년에 나치정권에 대항하기 위해 루터교, 개혁교회, 연합교회의 신학자들은 「바르멘 선언」을 작성했다. 이는 개혁교회의 전통을 강하게 담고 있다. 제2차 세계대전 이후 24개의 지역별 루터교회는 자체 자율을 유지하면서 '독일개신교회'(EKD: The Evangelical Church in German)를 형성했다. 독일개신교에서 개혁교회는 소수이다. 이들은 장로교체제를 유지하고 「하이델베르크 신조」를 공통의 신앙고백서로 지니고 있다.

| 요점정리 |
- 독일에는 스트라스부르크, 팔츠 주의 하이델베르크와 나사우 베젤에 개혁주의 전통이 자리를 잡았다.
- 「하이델베르크 신앙고백서」가 대표적인 신앙고백서이며, 20세기에 형성된 「바르멘 신앙고백서」도 대표적인 개혁교회 신앙고백서이다.

[4] 폴란드

종교개혁 이전에 폴란드는 로마가톨릭교회와 동방정통교회전통을 공유하고 있었다. 폴란드에 개혁교회가 시작된 것은 1540년대이다. 칼뱅은 지기스문트 왕과 서신을 교환하면서 개혁주의를 전했다. 런던과 엠덴에서 목회하던 존 아 라스코(John a Lasco)가 1556년 폴란드에 돌아와 개혁교회에 힘을 실어주었다. 1570년에는 개혁교회, 루터교, 체코 형제단이 "산도미르 합의고백"(The Consensus of Sandomir)을 채택하면서 힘을 합쳐 나갔다. 그 후 수십 년 동안 개신교회는 폴란드에서 큰 힘을 형성했다. 그러나 17세기 가톨릭의 반종교개혁은 개신교회를 약화시켰다. 폴란드는 1772~95년 사이에 러시아, 오스트리아, 프루시아에 의해서 정복되고 분할되었다. 그리고 1795~1918년 기간 동안에 독립을 상실했으나 개혁교회는 재조직될 수 있었다. 1차 세계대전 이후 폴란드는 독립했고 로마가톨릭교회와 동방정교회가 다시 부흥했다. 현재 폴란드 개혁교회는 4,000명에 불과하다. 그 구성원은 폴란드인, 서유럽에서 이민 온 사람들, 체코형제단 소속의 사람들로 이루어져 있다.

| 요점정리 |
1540년대에 칼뱅의 영향으로 개혁교회가 시작되었고 1556년 존 아 라스코의 목회가 개혁교회의 정착에 중요하게 작용했다. 17세기에는 가톨릭의 반종교개혁으로 개신교는 약화되었고, 18세기에는 강대국들의 분할 정복으로 개혁교회는 약화되었다. 현재 폴란드의 개혁교회는 소수이다.

[5] 헝가리

헝가리의 종교개혁은 1520년경에 시작되었다. 1524년에 서유럽에서 공부하고 돌아온 유학생들에 의해 루터교가 소개되었다. 1526년부터 헝가리의 중부는 터키족의 지배를 받게 되었고 나라는 세 쪽으로 분열되었다. 서쪽은 가톨릭 합스부르크 왕조의 통치를 받았고, 동쪽의 트란실바니아는 독립적이었으나 후에 터키의 섭정국이 되었다. 헝가리 종교개혁자들은 이러한 참담한 결과가 로마가톨릭교회의 부패에 원인이 있다고 설교했다. 토착어 설교와 책의 출판은 상당히 성공적이었다.

종교개혁은 점차 취리히 개혁교회의 영향을 받았다. 1567년에 데브레첸에 최초의 대회(synod)가 조직되었고 「제1 스위스 신앙고백」을 채택했다. 데브레첸은 '헝가리의 제네바' 혹은 '칼뱅주의적 로마'라는 칭호를 얻을 정도로 개혁주의 도시였다. 1590년대에는 인구의 80, 90퍼센트인 약 350만에서 400만의 인구가 개신교인이 되었다.[1)]

17세기에 헝가리에는 청교도적 경건주의 운동이 일어났다. 이 운동은 매일의 삶속에서 경건의 실천을 강조했다. 그러나 17세기는 개혁교회가 잔인한 박해와 시련을 당한 시기였다. 합스부르크왕조의 통치지역에는 1671년부터 로마가톨릭의 반종교개혁운동이 강력하게 전개되었다. 그 결과 1671~81년을 "통곡의 10년"(decade of mourning)이라고 칭한다. 이 시기에 많은 귀족들이 가톨릭으로 개종했다. 40명 이상의 목사들과 신학자들이 개종을 거부했기 때문에 죄수선의 노예로 팔려갔다. 개신교국가들에서는 이들의 몸값을 지불하는 운동을 벌였다. 17세기에 합스부르크 왕조는 헝가리의 중부지역에서 터키를 몰아냈고, 그곳에 반종교개혁을 진행했다. 교회는 몰수되었고 개혁교회 대학은 문을 닫았다. 1711~18년 사이에 상황은 조금 호전되었으나 18세기 말까지 개혁교인들의 수는 크게 약화되었다.

18세기 유럽의 계몽주의 시대, 관용의 시대가 시작되었다. 1791년 관용령(Patent of Toleration)이 발표되었고, 개신교인들에게 기본권이 부여되었다. 100년 억압의 시대는 끝이 났다. 개혁교회는 자유를 얻었고, 비록 차별은 있었으나 새로운 교회를 건립하였다.

19세기에 개혁교회는 종교의 자유를 얻었고 전국적인 개혁교회를 탄생시켰다. 1848년 헝가리에서 종교의 평등이 확보되고 목사들에게 국가보조금이 지급되었다. 개혁교회는 헝가리 독립운동과 깊게 연관되어 있었지만 오스트리아는 1848~49년의 독립전쟁을 무력화시켰다. 1867년에 헝가리는 독립을 얻었고, 종교의 자유를 얻었다. 헝가리 개혁교회는 그때부터 오랫동안 열망해 왔던 통일된 민족교회의 설립에 착수했다. 1881년 10월 31일 데브레첸 대회(Synod of Debrechen)에서 헝가리 개혁교회를 탄생시켰다.

  20세기에 개혁교회는 히틀러와 공산주의의 시련을 겪게 되었다. 1910년 개혁교회는 260만 명으로 성장했다. 1차 세계대전 이후 헝가리 국토의 삼분의 이가 루마니아에 합병되었고 개혁교회도 절반으로 축소되었다. 1930~40년대 히틀러 치하에서 정부는 친파시스트 정책에 동조했다. 개혁교회는 유태인 학살에 저항했으나 무력했다. 2차 세계대전 이후 1948년 헝가리는 공산당의 손에 들어갔고 교회는 박해를 받았다. 1956년 반공산혁명에 가담한 목사들과 신학생들이 순교했다. 그 후 개혁교회는 공산당정권 아래서 예언자적 사명을 제대로 수행할 수 없었고 세속화에 대응하기도 어려웠다. 교회에서 평신도들이 소외되었고, 국민들은 교회에 대해 편견과 거부감을 가지게 되었다.

  1989년 소비에트연방의 붕괴와 동구권의 붕괴, 베를린 장벽이 붕괴되면서 헝가리는 서방을 향해 문호를 개방했다. 1990년 교회들은 헌법개정으로 공산당의 탄압에서 해방되었다. 헝가리에는 약 1200개의 개혁교회에 1천만 인구의 21퍼센트가 개혁교회 교인이고, 로마가톨릭교인은 인구의 67퍼센트를 차지하고 있다.

| 요점정리 |
- 1560년대 최초의 데브레첸 노회가 설립되었다.
- 17세기에 로마가톨릭의 반종교개혁운동으로 많은 박해를 받고 교회가 약해졌다.
- 개혁교회는 1848~49년 오스트리아로부터의 독립전쟁을 지원했다가 보복을 당했다.
- 1881년 전국적인 헝가리 개혁교회를 건설했다.
- 히틀러의 통치와 공산주의 통치를 받으면서 교회는 자율성을 상실했다.
- 공산권 붕괴로 자유를 되찾았고 약 200만 명의 교인이 있다.

● **영국의 개혁교회들**

[1] 잉글랜드

헨리 8세는 1534년 수장령을 발표하고 영국국교회를 시작했다. 그 뒤를 이은 에드워드 6세(1547~53)의 통치 기간에 잉글랜드에서는 개혁주의가 크게 성장했다. 스트라스부르크의 개혁자 마틴 부처는 만년을 잉글랜드에서 보냈고, 라스코는 런던의 이주민교회 목사로 있었다. 칼뱅은 캔터베리 대주교 토마스 크랜머(Cranmer), 에드워드 국왕, 그리고 섭정 서머셋(Somerset)과 직접 편지를 주고받았다. 크랜머는 1546년 성공회 「예식서」(A Book of Common Prayer)를 개혁주의 사상으로 작성했다.

그 후 가톨릭 신도인 메리여왕(1553~58)은 크랜머를 포함한 개신교 목사들과 신학자들을 처형하면서 성공회를 가톨릭으로 돌려놓았다.

당시 잉글랜드의 개신교인들은 취리히와 제네바로 피신하여 개혁주의를 배웠다. 엘리자베스 1세(1558~1603)가 즉위한 후 1571년 영국 성공회는 로마가톨릭으로부터 완전히 분리를 고하는 「39개 조항」을 채택했다. 엘리자베스 시대에 개혁주의가 잉글랜드의 교회를 장악하지는 못했지만 칼뱅과 불링거의 영향력은 컸다.

16세기 잉글랜드에서는 청교도주의(Puritanism)와 회중주의(Congregationalism)라는 개혁전통을 탄생시켰다. 청교도주의란 가톨릭의 미사의식을 배척하고 신약성경에 나타난 예배의 순수성(purity)을 회복한다는 뜻이 담겨있었다. 찰스 1세의 학정에 궐기한 크롬웰(Oliver Cromwell, 1599~1658)이 이끄는 의회군이 승리한 후 청교도의 지도자들은 의회를 장악했다. 그들은 1642년 감독제도를 폐지하고 웨스트민스터 총회에서 「교회정치 지침서」(1645), 「웨스트민스터 신앙고백」(1647)과 「웨스트민스터 신조」(1648)를 작성했다. 이것은 전세계 장로교회의 공식적인 교리와 예배지침서가 되었다. 크롬웰이 죽고 1660년 찰스 2세가 등장하면서 군주제도와 영국국교회가 다시 회복되었다. 20년간 지속된 청교도운동(1640~59)은 실패했고, 성공회는 감독정치를 갖게 되었다. 잉글랜드 개혁주의 전통은 침례교회, 회중교회, 장로교회라는 비국교파교회들 속에 남았다.

회중주의 직제를 처음 주창한 사람은 로버트 브라운(Robert, Browne, 1550~1633)이다. 1562년 프랑스인 장 모레이(Jean Morey)는 개교회가 교회의 생활에서 궁극적인 권위를 가지며, 치리는 그 공동체 자체 안에서 이루어져야 한다고 주장했다. 칼뱅의 후계자인 데오도르 베자(Theodore Beza, 1519~1605)는 모레이식의 회중주의에 반대했다. 사실 칼뱅적 장로제도는 귀족주의적인 간접민주제도를 채택하고 있었다. 잉글랜드에서는 회중주의가 국가교회에 대해 반대한다는 이유로 박해를 받았고 많은 비국교도들이 네덜란드와 미국으로 이주했다.

| 요점정리 |
- 잉글랜드의 성공회는 에드워드 6세 시절에 개혁주의 영향을 크게 받았다.
- 메리 여왕 때는 피의 숙청으로 많은 개혁신학자들이 처형당했다.
- 엘리자베스 1세는 가톨릭으로부터 성공회를 분리시켰지만 완전히 개혁주의를 따른 것도 아니었다.
- 16세기 잉글랜드 개혁전통은 청교도주의와 회중주의를 탄생시켰다.
- 크롬웰을 중심으로 한 청교도들은 국회를 장악했고 「웨스트민스터 신앙고백」(1647)과 「신조」(1648)를 작성했다. 그러나 청교도적 정치는 영국에서 실패하고 말았다.

[2] 스코틀랜드

스코틀랜드에 종교개혁이 소개된 것은 1520년대였다. 로마가톨릭 교회는 1525년에 루터의 저서를 금지시켰고, 1528년에 루터의 제자였던 해밀턴(Patricl Hamilton)을 화형시켰다. 독일과 스위스에서 공부한 조지 위샤트(George Wishart, 1513~46)는 1543년부터 개혁주의를 설교했고, 「제1 스위스 신앙고백서」를 소개했다. 그러나 개혁주의가 정식으로 수용된 것은 위샤트의 제자 존 낙스(John Knox, ?~1572)가 지도하던 1560년대였다. 존 낙스는 가톨릭 군대에 포로로 잡혀 1547년에 프랑스 죄수선에서 19개월 동안 노젓기형을 살았다. 그 후 12년간 유럽대륙을 유랑하여 지내며 제네바에서 영어권 이민자 목회(1553~55)를 했고, 칼뱅의 가르침을 받았다. 1559년 스코틀랜드로 돌아온 낙스는 개혁주의 운동을 이끌었다. 그는 「스코틀랜드 신앙고백서」(Confessio Scottica, 1560), 「제1교회치리서」(1560), 「교회의 직제」(1564)라는 중요한 문서를 남겼다. 스코틀랜드 의회는 1560년 로마가톨릭교회를 금지하고 장로회주의를 유일한 교회정치로 채택했다. 그러나 스코틀랜드 여왕, 매리 스튜어트(Mary Stuart)가 프랑스에 오래 체류하다가 1561년 스코틀랜드로 돌아오면서 낙스를 지도자로 한 장로교파와 여왕이 주도하는 로마가톨릭 사이에 치열한 종교적, 정치적 싸움이 시작되었다. 1567년 매리는 잉글랜드로 도망쳤고 훗날 엘리자베스 여왕에 의해 처형되었다. 존 낙스는 가톨릭교회의 저항을 물리치고 스코틀랜드의 종교개혁을 완수했다.

1574년 제네바에서 공부하고 돌아온 앤드류 멜빌(Andrew Melville, 1545~1622)은 장로제도를 한층 더 발전시켰다. 1581년 스코틀랜드장로교회 총회는 멜빌이 작성한 「제2교회치리서」를 교회의 공식문서로 채택했다. 존 낙스가 죽은 후에 왕들은 민주적인 장로교제도를 감독주의로 바꾸려는 시도를 했지만 실패했다. 1688년 명예혁명을 통해 영국과 스코틀랜드를 통치하게 된 윌리엄 3세는 네덜란드의 개혁교회에서 자란 그의 신앙경험으로 스코틀랜드의 장로회주의를 국가의 공식 신앙으로 선언했다. 장로교회는 스코틀랜드 독립의 한 표현이 되었다.

1707년 잉글랜드와 스코틀랜드는 합병되었다. 영국의회가 성공회를 지지하는 왕당파에 의해 장악되면서 스코틀랜드 장로교제도는 위협을 받았다. 또 장로교회의 회중들이 자신의 목사를 선택하는 권한이 위협 당했고, 복음주의자들의 요구가 국가법으로 거부되면서 스코틀랜드 장로교는 여러 차례 분열을 통해 19세기 초에는 국가교회, 연합장로교회, 자유교회로 삼분되어 있었다. 1900년에 자유교회와 연합장로교회가 연합했고, 1929년에 이 교회는 다시 스코틀랜드 교회(Church of Scotland)와 연합했다. 스코틀랜드 장로교 전통은 다른 어떤 전통보다 경건과 학문을 잘 조화시켰다. 그들은 전 영어권세계로 흩어져서 개혁주의 공동체를 형성했다.

| 요점정리 |
- 1540년대 조지 위샤트는 스코틀랜드에 개혁주의를 소개하였다.
- 1560년대 존 낙스는 본격적으로 종교개혁을 시작했고 「스코틀랜드 신앙고백서」(1560), 「제1 교회치리서」(1560), 「교회의 직제」(1564)를 통해 장로교제도를 발전시켰다.
- 1560년 스코틀랜드의회는 장로교제도를 유일한 교회정치제도로 선포했다.
- 1561~67년 사이에 스코틀랜드 여왕 매리와 존 낙스 사이에 투쟁이 진행되었다.
- 존 낙스의 후계자 앤드류 멜빌은 「제2 교회치리서」(1581)를 작성했다.
- 스코틀랜드의 장로교주의는 스코틀랜드 민족주의와 관련되어 있었다.
- 1707년 스코틀랜드와 잉글랜드가 합병되면서 스코틀랜드 장로교정치는 위협을 받았고 국가로부터 영적인 자유를 지키려는 과정에서 분열을 겪었으나 1929년에 다시 통합했다.

[3] 아일랜드

엘리자베스 여왕을 이어 왕위에 오른 제임스 1세(1566~1625)는 북아일랜드 울스터(Ulster)에서 일어난 대반란을 진압하고 아일랜드의 토지를 빼앗아 대규모 농장지대를 만들고 스코틀랜드, 잉글랜드, 웨일즈 사람들을 이주시켜 경작하게 했다. 스코틀랜드 사람들이 북아일랜드로 이주하여 그곳이 스코틀랜드화되어 버렸다. 그래서 그들을 스코트-아이리쉬(Scot-Irish)라고 부른다. 그들은 장로교회의 정치와 개혁주의 신학을 가지고 이주했으며 이는 단결의 원리가 되었다. 또한 그곳에 프랑스 위그노들과 잉글랜드의 청교도들도 이주했다. 1642년 울스터 노회가 생겼고, 1659년에는 5개의 노회가 생겼다. 울스터의 스코틀랜드인들은 가톨릭지역인 남부 아일랜드인들과 갈등을 빚었으며 자연 재난과 영국 정부의 간섭으로 인해 정치, 경제, 종교적으로 힘을 상실하게 되자, 1717~76년 사이에 25만 명 가량이 미국으로 이주했다.

| 요점정리 |
- 아일랜드장로교회는 주로 스코틀랜드인들의 이주로 인해 형성되었다.
- 북부아일랜드 장로교인들은 18세기에 대규모로 미국과 캐나다 호주로 이주하여 그곳에 장로교회를 형성했다.

● **미국과 캐나다의 개혁교회들**

[1] 미국

17~18세기 영국 국교회가 비국교도들을 핍박하자 스코틀랜드와 북아일랜드의 많은 장로교인들은 대거 북미주로 이주했다. 이들은 주로 펜실베이니아, 버지니아, 캐롤라이나, 조지아에 정착했다. 이들과 함께

영국의 청교도, 프랑스의 위그노, 네덜란드의 개혁교인들이 미국에 건너왔다.

첫째, 미국에 첫 개혁교회를 세운 사람들은 청교도들이었다. 1620년대에 청교도들은 매사추세츠의 플리머스에 정착지를 세웠다. 이것이 미국 최초 개혁주의 정착지였다. 1646~48년에 열린 캠브리지 대회(Synod of Cambridge)는 뉴잉글랜드 청교도들이 나갈 방향을 정했고,「웨스트민스터 신앙고백서」를 약간 수정하여 회중주의 교회정치제도를 채택했다. 이 회중교회는 1931년에 크리스천교회(Christian Churches)와 연합했고, 1957년에는 복음주의 개혁교회(The Evangelical and Reformed Church)와 연합하여 연합그리스도교회(United Church of Christ)가 되었다.

영국청교도의 뿌리를 가지고 있는 또 한 부류는 미국 침례교인들이었다. 최초의 침례교 신앙고백서인「런던신앙고백」(London Baptist Confession, 1644)은「웨스트민스터 신앙고백」을 수정한 개혁교회전통이었다. 1742년 필라델피아 침례교 대회는 그것을 약간 변형시켜서 채택했다. 미국침례교회는 칼뱅주의 외에도 아르미니우스주의와 침례교 고유의 강조점을 지니고 있다.

두 번째 개혁교회 집단은 네덜란드 개혁교인들이었다. 그들은 1624년에 뉴욕으로 이주했고, 1628년에 최초의 네덜란드인 교회(the Reformed Protestant Dutch Church in America)를 세웠다. 이 교회의 모체는 암스테르담 노회였다. 네덜란드인들은「벨기에 신앙고백」,「하이델베르크 요리문답」및「도르트 신조」등 17세기 네덜란드 칼뱅정통주의를 미국에 이식시

컸다. 1772년경 교회는 암스테르담 노회로부터 독립했고 자체적인 감독권을 가지게 되었다. 미국의 독립전쟁 이후 교회는 1792년에 「도르트 교회직제」를 미국 실정에 맞게 개정하여 네덜란드 개혁교회의 헌법을 제정했다. 1792년에 조직된 미국 네덜란드 개혁교회(RCA:The Reformed Church in America)는 네덜란드인의 이민 증가로 급성장하여 미국 중서부 지방으로 퍼져나갔다. 네덜란드인들의 일부는 1851년에 미국 네덜란드 개혁교회를 탈피하여 크리스천개혁교회(CRC:The Christian Reformed Church)를 세웠다.

세 번째 개혁교회 집단은 18세기 초에 팔츠 주와 스위스에서 이주한 독일어권 이민자들이 세운 독일 개혁주의교회였다. 이들은 펜실베이니아에 머처스버그 신학교(Mercersburg)를 세웠고, 존 네빈(John W. Nevin)과 필립 샤프(Phillip Schaff)와 같이 저명한 신학자들이 가르쳤다. 이들은 보편적 교회관 및 성만찬론에 그리스도의 신비적 임재를 강조하여 전통적인 요소를 회복했다. 1934년 미국의 독일 개혁주의교회는 루터파, 개혁파, 경건주의 전통을 지닌 독일 이민자들이 세운 북미 복음주의 대회(Evangelical Synod of America)와 통합됐다.

네 번째 집단은 가장 강력했던 스코틀랜드와 북아일랜드 장로교인들이었다. 스코틀랜드인들은 1651년 이민 계약의 고용인으로 크롬웰에 의해 미국으로 보내졌다. 그 이전에 1683년 미국에 최초로 정착한 스코트-아이리쉬 이주민들은 목사를 요청했고 아일랜드 장로교회는 프란시스 마케미(Francis Makemie, 1658~1708) 목사를 파송했다. 그는 큰 비전을 가지고 캐롤라이나에서 뉴욕에 이르기까지 여러 곳을 순회하여 곳곳에 산재해 있던 장로교인들에게 장로교의 기본체제를 가르치며 노회를 구성하고 장로교제도를 조직하도록 이끌었다. 드디어 마케미 목사의 주도 아래 1706년에 7명의 목사와 여러 장로들이 필라델피아에서 최초의 노회가 조직되었다. 노회는 급성장했고, 1717년 필라델피아에서 4개의 노회들로 최초의 대회(Synod)가 조직되었다. 1714년 이후 울스터 지방의 대부분의 스코트-아이리쉬 사람들이 미국에 와서 버지니아, 북 캐롤라이나와 조지아의 남부로 퍼져갔다. 1729년에 그들은 웨스트민스터 신앙고백과 요리문답을 교회의 표준으로 채택했다.

미국장로교회는 하나님 말씀의 중요성을 강조하는 칼뱅주의 영향으로 고등교육을 받은 목사 후보생들의 필요성을 절감했다. 윌리엄 테네트(William Tennet, 1673~1746) 목사는 자기 아들과 함께 1726년부터 목사 양성을 위해 소위 '통나무 대학'(Log College)이라고 불리는 신학교를 시작했다. 이것이 1746년에 뉴저지 대학으로, 1796년에 프린스턴 대학이 되었다.

조나단 에드워드(Jonathan Edwards, 1703~58)와 영국의 설교자 조지 위트필드(George Whitfield, 1714~70)가 중심이 된 '제1차 대각성운동'은 미국의 도덕생활과 교회부흥, 선교열정을 크게 고무시켰다. 그것은 장로교회가 미국사회를 뒤바꾸고 훌륭한 지도자들을 배출하는 동력이 되었다. 그러나 장로교회는 부흥운동을 지지하는 신파(New Side)와 지나친 감정주의를 비판하는 구파(Old Side)로 잠시 분열되었다가 다시 결합했다.

미국장로교회는 성공회 고위 성직자들에게 박해를 받았던 잉글랜드, 스코틀랜드, 아일랜드의 선조들을 가지고 있었기 때문에 미국독립에 애국적 헌신을 발휘했다. 장로교 목사로 뉴저지대학 총장인 존 위더스폰(John Witherspoon)은 독립선언서의 서명자들 중 한 사람이었다. 미국독립이 성공한 후, 1789년 필라델피아에서는 뉴욕, 뉴저지, 필라델피아 및 캐롤라이나의 4개 대회(synod)를 포함하는 총회가 조직되었다. 이때 미국장로교회(The Presbyterian Church in USA)가 공식명칭으로 사용되었다. 미연방헌법은 장로회주의 정치형태를 모방해서 만들어졌다.

1830년에서 1861년 사이에 미국은 노예제도 문제로 분열되었다. 미국장로교회는 구파와 신파 그리고 남과 북으로 나뉘어 4개의 교회로 분열되었다. 구파는 보수적 신앙을 고수하면서 노예문제에 관여하지 않았다. 신파는 신학적으로 진보적이고 노예제도 폐지를 주장했다. 대다수 북부교회는 신파에 속했고, 대다수 남부교회는 구파에 속했다. 1857년 신파 총회가 노예제도를 정죄하는 헌의안을 통과시키자 남부의 신파는 신파에서 탈퇴하여 '미국장로교연합대회'를 만들었다. 1861년 남북전쟁이 일어나자 구파 총회는 북부연방정부를 지지하는 헌의안을 결의했다. 남부의 구파는 이에 반대하여 따로 남부연방장로교회를 구성했다. 1864년에는 남부의 신구파가 연합하여 남부연방장로교회를 구성했다. 1865년 5월 남군이 항복했고 링컨 대통령이 암살당했다. 그 후 한 달이 지나 북부의 구파총회가 열렸는데, 이들은 전쟁을 겪으면서 노예제도를 반대하는 신파와 가까워졌다. 북부교회는 남부교회가 총회를 떠난 것과 노예제도를 지지한 실수를 회개하라고 선언했고, 남부를 새로운 선교지라고 말했다. 이에 반발한 남부의 교회들은 일곱 달 후, 1865년 12월 남부장로교회총회가 모여 공식적으로 미국장로교회(The Presbyterian Church in US)를 만들었다. 남장로교회는 20세기 전반에 세배로 증가했고 남부지방에 장로교회의 확고한 기반을 구축했다. 북부의 교회도 1869년 5년간의 협상 끝에 구파와 신파가 재통합해서 미합중국장로교회(Presbyterian Church in USA)를 구성했다.

20세기는 이념갈등의 시기였다. 세계는 1, 2차 세계대전, 공산권과 자유진영 사이의 냉전을 겪었다. 미국장로교회는 윌슨 대통령이 주장한 국제연맹을 지지했고, 세계 질서운동을 지원하여 국제연합(UN)을 설립하는 분위기를 조성했다. 또 전쟁복구사업과 기독교선교활동을 위해 헌금했다. 1945~55년 사이에 미국장로교회는 급성장했다. 그리고 미국장로교회는 교회성장과 경제적 번영을 뒷받침으로 해서 세계 에큐메니컬 운동을 주도했다. 미국장로교회는 1950년 미국의 개신교와 동방교회를 포함한 미국 교회협의회(NCC in USA)를 조직하는 일에 주도적인 역할을 했다. 미국 장로교총회 세계선교부 부총무였던 이승만 목사는 1991년 11월 14일 미국 NCC회장으로 선출되었다.

1960년대와 1970년대 미국장로교회는 흑인인권 문제와 베트남전쟁 문제에 대사회적인 관심을 기울였다. 이때에 나온 「1967년 신앙고백」은 하나님과 인간 사이의 수직적 화해와 인간과 인간 사이의 수평적 화해를 강조했다. 미국장로교회에서 갈라진 남북장로교의 연합이슈는 오랫동안 최대관심사였다. 1969년에 교섭이 시작되었고 1977년 두 총회는 1년에 걸쳐 한 번씩 같은 시기에 같은 도시에서 모임을 갖기로 동의했다. 1983년 6월 10일, 조지아 주의 애틀랜타에서 122년간의 분열을 종식시키고 통합된 미국장로교회가 탄생했다.

| 요점정리 |
- 미국의 개혁교회 전통은 청교도에서 시작된 회중교회 전통, 네덜란드에서 이식된 네덜란드 개혁교회, 독일어권에서 이식된 독일 개혁주의, 그리고 스코틀랜드와 아일랜드에서 이식된 장로교회전통이 있다.
- 스코틀랜드, 아일랜드 장로교는 17세기 말에 프란시스 마케미 목사의 지도로 발전했고 1706년에 필라델피아에서 노회, 1717년에 필라델피아 대회, 1789년에 총회를 조직했다. 웨스트민스터 신앙고백과 요리문답을 표준으로 채택했다.
- 미국장로회는 1차 대각성운동을 통해 미국의 도덕생활과 교회부흥, 선교열정을 높였고 훌륭한 지도자들을 배출했다.
- 미국장로교회는 19세기 중반에 노예제도 문제로 분열을 경험했다. 처음에는 구파와 신파, 남과 북 네 개로 분열되었고, 후에 북장로교회(PCUSA)와 남장로교회(PCUS)로 양분되었다. 1983년에 122년간의 분열을 종식시켰다.

	신파 진보적, 노예제 폐지주장	구파 보수적, 노예제 무관심	신파와 구파의 연합
북부	노예제도 정죄(1853) -다수파	북부 연방정부를 지지(1861)	미합중국장로교회 (PCUSA) (1869)
남부	남부연방장로 교회 형성	장로교연합대회 형성 -다수파	미국장로교회(PCUS) (1865)

- 미국장로교회는 1945~55년에 급성장했고, 세계 에큐메니컬운동을 주도했다. 그리고 흑인인권 문제와 베트남전쟁 문제에 예언자적 입장을 가지고 있었다. '1967년 신앙고백'은 이러한 대사회적 참여를 강조했다.

[2] 캐나다

아일랜드 정착민들은 1761년 노바 스코티아(Nova Scotia)에 캐나다 최초의 장로교회를 세웠다. 1763년 캐나다의 많은 영토가 영국으로 양도되었다. 이주자와 모피 상인들이 이곳에 정착했고, 스코틀랜드와 북아일랜드 사람들이 이주하여 많은 장로교회들을 세웠다. 그리고 미국독립전쟁 시기에 패배한 왕당파들은 국경을 넘어 캐나다로 왔고 미국북부지역의 선교사들도 이들을 따라왔다.

캐나다의 초기 장로회는 1843년 스코틀랜드장로교회의 대분열에 영향을 받았다. 그러나 이런 분열을 극복하고 1875년에 하나의 장로교회로 통합되었다. 1925년경에 장로교회는 캐나다에서 가장 큰 교회가 되었다. 한편 1902년부터 장로교회와 감리교회의 지도자들 사이에서는 연합운동이 시작되었다. 교회연합은 서부지역의 선교를 활성화하고, 사회악에 공동으로 대처할 수 있는 이점이 있었다. 1904년부터 연합협상이 진행되었다. 그러나 평신도들과 여성들에 의한 반대가 뒤따랐다. 1925년에 전체 감리교회와 전체 회중교회, 장로교회의 삼분의 이가 캐나다연합교회(The United Church of Canada)로 모였다. 약 90퍼센트의 장로교 목사가 연합교회로 이전했다. 현재 연합교회는 310만 명의 교인이 있으며 소수가 된 장로교회는 23만 명의 교세를 유지하고 있다.

| 요점정리 |
- 캐나다장로교회는 1761년에 시작되었고, 그 구성원은 북아일랜드, 스코틀랜드 이주민들이며 미국독립전쟁 이후 북쪽으로 올라간 사람들이었다.
- 캐나다장로교회는 이민 지역에서 선교와 전도의 효과를 높이기 위해 연합의 필요성을 일찍 깨닫고 1904년부터 감리교회와 회중교회와 협의를 시도했다. 1925년에 캐나다연합교회가 형성되었다.
- 캐나다장로교회와 연합교회는 한국의 함경도 지역에 선교했다.

● 호주 뉴질랜드 남아프리카의 개혁전통

[1] 호주

호주장로교회는 18세기 말과 19세기 초에 이민으로 형성된 교회이다. 19세기에 스코틀랜드에서 분열된 장로교 분파들(국가교회, 연합교회, 자유교회)은 스코틀랜드와 북아일랜드 장로교회 이민자들에 의해 호주에 이식되었다. 1859년에 최초로 빅토리아 장로교회가 생겼고 각 주별로 장로교 일치를 이룩하였다. 빅토리아 장로교회는 1889년부터 한국의 부산, 경남지역을 선교했다. 1901년에 호주연방의 탄생과 아울러 6개의 주 총회가 연합하여 호주장로교회(Presbyterian Church in Australia)를 형성했다. 1961년에 호주장로교인의 수는 97만 6천명에 달했다. 1977년 장로교, 감리교, 회중교회가 연합하여 호주연합교회(Uniting Church of Australia)를 형성했다. 이때 장로교회의 70퍼센트가 연합교회에 합류했다. "Uniting Church"라는 뜻은 계속해서 성공회와도 연합을 하겠다는 뜻을 밝힌 것이다.

[2] 뉴질랜드

뉴질랜드장로교회는 1839년에 시작된 스코틀랜드 이민자들에 의해 세워졌다. 특히 1843년에 시작된 자유교회(Free Kirk)가 활발했다. 1968년 뉴질랜드 장로교인의 수는 56만 6천명이었다.

[3] 남아프리카

17세기에 남아프리카의 케이프령(Cape Colony)에 네덜란드인들이 정착한 이후 네덜란드 개혁교회가 성장했다. 또 위그노 전통도 이곳에 이식되었다. 남아프리카 교회는 한동안 인종차별 정책에 동조했다.

개혁교회의 유형들

개혁교회 유형을 언급하기 앞서 성경에 근거를 둔 세 가지 교회정치 유형이 있음을 기억해야 한다. 첫째는 감독제, 둘째는 장로제, 셋째는 회중제이다. 성경은 어느 하나의 유형을 고집하지 않기 때문에 세 가지 유형 모두가 성경적이고 각자의 특징을 가지고 있다. 그러나 이 세 가지 유형 가운데 장로제는 민주적이고 대의 정치의 기본을 가지고 있는 의회 정치의 전형적인 모델이다.

개혁교회들은 다양한 표현으로 자신들을 표현한다. "개혁주의"

(Reformed)는 가장 광범위한 표현이지만 특정교파를 나타내는 것은 아니다. 그것은 종교개혁자들에 의해 시작된 운동이며 계시된 하나님의 말씀에 충실하게 지속적으로 개혁을 하겠다는 헌신을 나타낸다. "개혁교회"는 "하나님의 말씀에 따라 개혁된 교회"라는 뜻이다.

1) 개혁교회(Reformed Churches)는 스위스와 남부 독일에서 일어난 종교개혁에서 파생된 교회들을 지칭하는 가장 오래된 명칭이다. 16세기에 로마가톨릭교회를 개혁할 때 루터파보다는 한 걸음 더 나갔지만 과격파만큼 극단적이지 않았다는 뜻이다. 개혁파(Reformed)라는 명칭은 1560년대에 영국의 엘리자베스 1세에 의해 사용되었고 17세기에 보편화되었다.

2) 장로교회(Presbyterian Churches)는 앵글로색슨 세계 안에서 뿌리를 내린 개혁교회들이다. 장로교회는 스코틀랜드 안에서 영국의 왕권과 성공회의 요구에 저항하면서 정체성을 확립했다. 그러한 투쟁 가운데서 장로들의 사역과 그에 따른 교회 직제가 점점 더 중요해졌다. 개혁교회 전통들은 다양한 여러 개혁교회 신앙고백서들을 권위 있는 것으로 받아들이지만, 장로교회는 1648년의 「웨스트민스터 신앙고백」만을 성경 다음으로 교리와 설교를 위한 표준으로 강조하는 전통이 있다. 장로교회라는 용어는 앵글로색슨 세계 안에서 그리고 스코틀랜드인들과 북미인들의 이주와 선교사역을 통해 형성된 교회에 사용되고 있다.

3) 회중교회(Congregational Churches) 역시 앵글로색슨 세계 안에서 사용

된다. 이 용어는 16세기 후반 회중운동과 관련된다. 그들은 성공회와 장로교와는 대조적으로 예배, 증언, 의사결정에 있어서 지역 안에 "회집된 교회"(gathered church)의 역할을 강조했다. 비록 「웨스트민스터 신앙고백」의 교리에는 동의하지만 그 직제에 대해서는 다른 신념을 가지고 있었다(사보이 선언, 1658). 회중주의는 주로 런던선교회(London Missionary Society)를 통해 세계로 퍼져나갔다. 많은 회중교회들은 장로교회와 통합을 했고, 비록 회중적인 특징을 유지하더라도 자신들을 회중교회라고 부르는 숫자는 줄고 있다. 1891년에 국제회중교회협의회(The International Congregational Council)가 설립되었는데 그것은 1970년에 세계개혁교회연맹(WARC:World Alliance of Reformed Churches)과 연합했다.

4) 복음주의교회(Evangelical churches)는 19세기 복음주의적 부흥운동의 영향을 받은 개혁교회들이다. 자신을 '자유주의'로부터 분리시키고 싶어 하는 사람이나 집단들이 이 용어를 사용하는 경향이 강하다. 특히 성경의 영감설을 붙잡고 교회의 선교적 헌신이 약화되는 것과 싸우는 사람들은 자신을 복음주의자라고 부른다. 이들은 개혁교회들의 신앙고백서들을 중요시하지 않는 편이고 개인적이고 공동체적인 구원경험을 강조한다. 19세기 아시아, 아프리카 및 태평양 군도에 확산된 교회들을 지칭하면서 '복음주의적 교회'라고 한다.[2]

이상의 네 가지 유형은 모두 16세기 종교개혁에 공동의 기반을 가지고 있기에 한 가족으로 볼 수 있다. 또 개혁교회 안에서 다양성을 표현하는 것으로 볼 수도 있다. 그러나 개혁교회의 일치를 방해할 가능성도 가지고 있다. 복음주의교회들이 개인 구원만을 강조할 때, 개혁교회들이 지니고 있는 신앙고백 전통을 위협할 수 있다. 또 회중교회들이 개교회의 자율성과 권위를 강조할 때 장로교회들은 노회와 총회와 같은 상위 치리기구의 결의가 위협받게 된다. 개혁교회들이 신앙고백 전통을 너무 강조할 때 회중교회들은 개교회의 독립성이 위협을 받는다.

한국의 장로교회는 19세기 복음주의적 부흥운동과 이 계통의 선교사들로부터 크게 영향을 받았다. 그러나 선교사들은 「웨스트민스터 신앙고백서」와 장로교체제의 중요성도 함께 전했다. 한국의 장로교회들은 유럽의 개혁교회만큼은 아니지만 개혁교회 신앙고백서들을 중시하는 전통이 있고 또 개교회를 중요시하는 측면에서 회중교회적 성격도 가지고 있다.[3]

| 요점정리 |

개혁교회들은 다양한 이름으로 자신들을 나타낸다.
- 성경적 교회정치 유형으로는 감독제, 장로제, 회중제가 있다.
- '개혁주의'(Reformed)라는 말은 스위스와 남부독일에서 일어난 종교개혁에서 파생된 교회들을 지칭하는 이름이고, 가장 오래되고 광범위한 명칭이다.
- 장로교회는 앵글로 색슨 영어권에서 사용되고 있으며 주로 스코틀랜드에서 발생한 전통을 따르는 교회들이다. 웨스트민스터 신앙고백서를 중요시한다.
- 회중교회는 잉글랜드 안에서 회중들의 직접적인 교회정치를 중요시했던 전통이다. 청교도들이 회중주의를 강조했고, 런던선교회도 회중주의적 특성이 강했다.
- 복음주의교회는 19세기 복음주의 부흥운동의 영향을 받은 개혁교회를 지칭한다.
- 한국의 장로교회는 장로교회 정치를 사용하면서도 복음주의적 특성이 강한 개혁교회이다.

개혁교회의 직제

목적 • 다양한 개혁교회 전통은 장로제도라는 공통성이 있다. 그러나 장로제도는 민족적 특성과 시대적 상황에 따라 다양성이 있었다. 이제 장로교 직제의 다양성을 살펴보면서 그 장점과 탄력성을 살펴본다.

목표 • 프랑스 개혁교회의 직제, 스위스 개혁교회의 직제, 네덜란드 개혁교회의 직제, 미국 개혁교회의 직제, 헝가리 개혁교회의 직제, 스코틀랜드장로교회의 직제, 잉글랜드 개혁교회의 직제, 미국장로교회의 직제, 한국장로교회의 직제 이해.

프랑스 위그노 개혁교회의 직제

1559년 프랑스 개혁교회 제1차 총회는 「교회치리법」[4]과 「갈리칸 신앙고백서」[5]를 통과시켰다. 이 두 문서는 초기 프랑스 개혁교회의 직제를 이해하는 데 중요한 자료이다.

● **「교회치리법」**

이 문서는 교회들과 직분자들 간에 지배와 위계제도를 거부한다. "어떤 교회도 다른 교회보다 높지 않고 다른 교회 위에 군림할 수 없다. 한 교회의 목사들 상호간에, 장로들 혹은 집사들 상호간에도 그렇게 할 수 없다"(1항). 즉 로마가톨릭교회의 위계제도로서의 직제를 바로잡고 모든 직책이 하나님 앞에서 섬김의 직분인 것을 확인했다.

목사 임직은 세 가지로 융통성을 부여했다. 첫째 해당 노회를 통해, 둘째 지역목사들의 모임(colloquium)에서, 셋째 두세 사람의 목사와 그 당회들에 의해 목사를 임직했다. 그 이유는 박해상황에서 노회를 개최하는 것이 어려울 경우에도 목사임직을 할 수 있도록 한 것이다. 다만 개교회 차원에서 목사와 당회가 목사를 임직하는 것은 허용하지 않았다(7항).

개교회의 독주를 막고 협의회적 제도를 유지하려는 이러한 원리는 기존 목사들에게도 적용되었다. "말씀의 교역을 맡은 목사가 자기 교회에서는 인정을 받지만 이웃 목사들이나 타 목사들에게 인정을 받지 못하면, …… 문제가 확대되기 전에 노회가 즉시 모여서 이 문제를 해결해야 하며, 노회마저 실패한다면 최소 6명으로 구성된 목사 모임에서 문제를 해결한다."(15항)

목사의 책벌은 당회와 노회에서 이루어졌다. 윤리적인 문제는 당회가 외부 목사들의 도움을 받아서 책벌하지만, 교리적인 문제는 전문가들의 판단이 필요하기 때문에 노회에서 처리했다.

> 어떤 목사에게 충격적이고 나쁜 소문을 일으킨 죄가 발견되면 당회는 흠 없는 목사 두세 사람을 불러서 즉시 그를 퇴임시킬 수 있다. 그러나 만일 범죄한 목사가 그 진술이 중상모략이라고 주장하

면, 그의 불평은 노회에 보고되어야 한다. 만일 그가 이단교리를 설교하거나 가르쳤다면 이 문제를 결정할 수 있는 두세 사람으로 구성된 목사 모임에서 즉시 그것을 중단시키고, 노회의 최종결정을 기다려야 한다. 꼭 필요한 경우가 아니면 노회가 그를 해임시킨 이유를 교인들에게 알리지 말아야 한다(23항).

장로교회 치리의 원리는 책벌자의 문제를 비공개하는 것이다. 공개적인 치리는 성도들에게 불필요한 관심을 일으켜 영적으로 나쁜 영향을 줄 수 있다. 그러나 이미 공개된 범죄는 신속하게 대처하여 교회공동체를 보호하여야 한다.

장로의 임무는 칼뱅이 제네바에서 정한 것과 같았다. 그러나 프랑스 개혁교회에서 장로는 항존직이 아니었다.(25항) "장로들의 임무는 회중을 소집하고, 추문들을 당회에 보고하고, 개교회의 규칙에 의해 설립된 형태에 따라, 시대와 장소의 관습에 따라 다른 비슷한 것들을 수행한다."(24항)

"집사의 임무는 헌금을 모으고, 당회와 협력하여 가난한 사람, 옥에 갇힌 사람, 병자를 위해 헌금을 나누어주고, 그들을 심방하고 각 가정에서 세례후보자 문답교육을 시키는 것이다."(25항). 집사직은 항존직과 임시직으로 구분되었다. 항존직 집사는 당회가 선출하였고, 세례후보자들을 교육할 수 있었다. 임시직 집사라고 해도 교회의 허락 없이 그들을 사임하게 할 수는 없었다.

장로와 집사의 선출에서 「교회치리법」을 받아들인 기성교회에서는 목사가 당회(장로와 집사)와 협의해서 선출했고, 당회가 없는 교회의 경우 목사는 교인들과 함께 선출했다.

노회는 의회식 협의제도에 따라 민주적으로 운영해야 했다. 각 노회는 만장일치로 노회장을 선출했다(2항). 노회장의 임기는 노회 직후 끝났고, 재선할 수 있었다(3항). 집사도 노회 총대로 파송을 받았고 노회에서 투표권을 행사했다(4항). 아마도 프랑스 개혁교회는 박해를 받는 상황에서 소수의 장로들이 개교회 전체를 대표하기가 어려웠고, 가난하고 어려운 성도들을 직접 돌보는 집사 직분은 상대적으로 중요한 직책이었을 것이다.

노회 때는 꼭 성만찬을 거행했는데(5항), 총대들 사이의 일치를 나타내고 그들과 보편교회와의 일치를 나타내기 위함이었다.

● 「갈리칸 신앙고백서」

교회를 다스리는 "권위는 가능한 하나님이 허락하시는 대로 선거를 통해서 나와야 한다."(31항) 그러나 이 문서는 교회가 위기 상황에 있을 때 하나님이 특별한 방법으로 사역자를 세우는 예외가 있음을 인정했다.

또 이 문서는 목사들 사이에 '감독자'(superintendents)의 필요성(32항)을 강조했다. 이 말은 개교회들을 연합하고 통합하는 감독 기능을 가진 목사가 필요하다는 뜻이다.

| 요점정리 |
- 직분은 섬김의 직책으로 위계제도나 지배가 아니다.
- 목사 임직과 노회 운영에서 개교회적인 회중주의를 피하고 협의회적 제도를 존중했다.
- 치리에 있어서 윤리 문제는 당회에서 교리 문제는 노회가 담당했다.
- 치리는 비공개를 원칙으로 하고 공개된 범죄는 신속 단호하게 처리했다.
- 프랑스 개혁교회에서는 장로가 항존직이 아니었고, 집사가 당회와 노회의 회원이었다.
- 교회의 다스리는 권한은 개인에게 속한 것이 아니라 선거를 통해 임명된다.
- 개교회의 독단을 막기 위한 감독자가 필요하다.

스위스 개혁교회의 직제

취리히의 종교개혁자 불링거가 작성한 「제2 스위스 신앙고백서」(1566)는 스위스 개혁교회의 예배형태와 직제를 대표하는 문서였다. 이 문서의 제18장은 직제론(교회의 교역자들, 그들의 제정 및 의무)을 다루고 있다.[6]

이 문서는 국가교회 상황에서 정부가 교회의 직제에 간섭하는 것을 막으려는 노력으로 개혁교회 직제론의 중요한 원리를 세워놓았다.

1) 모든 교역(ministries)은 그리스도를 통해 하나님으로부터 온다는 원리이다. 하나님께서는 교회를 직접 자신과 연합시킬 수 있지만 "항상 교역자들(ministers)을 사용해서 자신을 위한 교회를 모으시고, 세우시고,

통치하시고, 보존하신다." 그것을 위해 하나님은 그의 독생자를 보내셨고, 그리스도는 제자들을 택해 사도로 삼으셨고, 사도들은 복음 설교를 통해 교회를 세우고 목사와 교사를 임명했다. 그래서 그리스도는 "사도들의 계승자를 통해 오늘날까지 교회를 다스리고 가르치신다."

2) 모든 교역자들은 "합법적인 교회의 선거에 의해" 선출되어야 한다는 원리이다. 교역자들(목사, 장로)의 선출은 "장로들의 기도와 손을 얹어놓음으로 행해진다." 여기서 장로들이란 목사와 장로를 포함하는 장로단을 의미했다. 그러나 치리와 권징을 담당하는 장로의 역할에 대해서는 거의 언급하지 않는데 궁극적 판단은 주님께 맡겨야 한다고 보았다.

칼뱅은 목사, 장로, 집사, 교사를 일상직으로 주장한 반면, 이 문서는 집사 대신 감독을 첨가했다. 취리히에서는 가난한 사람을 보살피는 일은 온전히 정부의 책임이었기 때문에 집사의 직분이 두드러지지 않았기 때문이다. 여기서 감독은 로마가톨릭의 감독제도와 같은 것이 아니라, 교회들의 일치를 위해 개교회와 개교회를 묶는 역할을 하는 "목사들 가운데 어떤 한 사람"을 의미했다.

이 문서는 또한 하나님이 세우신 모든 교역자들 사이의 동등성을 강조했다. "교회 안에 있는 모든 교역자들은 동일하고 동등한 권한 혹은 기능을 부여받은 것이다." 초대교회에서는 감독이나 장로들이 교회를 함께 다스렸고 아무도 다른 사람보다 높다고 생각하지 않았다.

| 요점정리 |
- 하나님께서는 교역자들을 세우셔서 교회를 다스리고 가르치신다.
- 모든 교역자들은 합법적인 교회의 선거에 의해 선출되어야 한다.
- 치리의 최종적 판단은 주님께 맡겨야 한다.
- 교회의 일상직은 감독, 장로, 목사, 교사였다.
- 국가 교회적 특성 때문에 집사직을 약화시켰다.
- 모든 교역직은 동등하다.

네덜란드 개혁교회의 직제

네덜란드 개혁교회는 도르트 총회(1618~19)에서 채택한 「벨기에 신앙고백서」, 「하이델베르크 요리문답」 및 「도르트신조」를 교회신조로 사용하고 있다. 여기서는 「벨기에 신앙고백서」와 「도르트 교회직제」를 통해 네덜란드 교회의 직제를 살펴본다.

● 「벨기에 신앙고백서」(1561)[7]

이 신앙고백서는 교회의 표지를 말씀설교, 성례전, 기독교적 삶과 치리로 규정⁽²⁹항⁾⁸⁾ 한 후, 그 세 가지 표지에 입각해서 교회의 직제를 설명한다.

> 참된 교회는 우리의 주님이 그의 말씀 가운데 우리에게 가르치셨던 영적인 정치(spiritual polity)에 의해 통치되어야 한다. 즉 하나님의 말씀을 설교하고 성례를 집행하는 목사들, 또한 그 목사들과 함께 교회의 당회를 형성하는 장로들과 집사들이 있어야 한다."⁽³⁰항⁾

당회는 목사와 장로와 집사로 구성된다. 목사는 말씀과 성만찬을 위한 교직이며, 당회는 교인들의 성화를 위한 치리를 관장하는 기구인 것이다. 이 문서는 프랑스 개혁교회의 직제처럼, 집사를 중시하고 교사를 언급하지 않는다. 프랑스 개혁교회가 로마가톨릭교회의 박해를 받았던 것처럼, 네덜란드 개혁교회는 스페인의 지배 아래서 로마가톨릭교회의 박해를 받았던 점에서 두 교회는 흡사하다. 양쪽 교회는 위기 상황에서 교사직⁽신학교수⁾을 둘 만한 여유가 없었고, 그것은 목사의 몫이었다. 그러나 구제와 환자를 돌보는 집사직은 장로직 못지않게 중요했던 것이다.

이 신앙고백서는 목사, 장로, 집사 외에도 "교회의 통치자들이 교회의 조직을 유지하기 위해 자신들 사이에 어떤 제도들을 제정하고 설립하는 것"이 필요함을 인정했다. 그러나 "그리스도께서 제정하신 것들로부터 이탈되어서는 안 된다"고 명시하고 있다.

● 「도르트교회 직제」(1619)⁹⁾

도르트 총회는 유명한 「도르트 신조」와 함께 교회 정치와 관련한 86개 조항, 「도르트 교회직제」를 남겼다. 훗날 미국으로 건너간 네덜란드인들이 세운 크리스천 개혁교회(CRC: The Christian Reformed Church)는 이 직제를 교회 정치의 표준서로 삼았고, 1914년과 1974년에 약간의 수정을 가했다.

1914년 「도르트교회 직제」는 교회의 직제를 목사, 장로, 교사, 집사로 언급했다(2항). 즉 네덜란드가 스페인에서 독립된 후 교사(신학교수)직이 전문화되었음을 반영한다. 목사는 평생직으로서 특별한 이유로 인해 노회의 승인을 얻지 못하면 세속직을 가질 수 없었다(12항). 목사의 직무는 말씀설교와 성만찬 집례 외에 "장로들과 집사들"을 감독하고, 장로들과 함께 교회의 치리를 행사하는 것이다(16항). 목사 선출은 당회와 집사들에 의해 이루어졌는데, 해당 지역의 기독교 공직자와 협의하도록 했고, 목사 승인절차도 공직자의 개입과 승인을 필요로 했다. 이것은 국가교회 전통을 그대로 보여준다.

장로의 직무는 목사와 협의하여 치리를 행하는 것이고, 목사 및 집사들과 함께 성만찬을 전후하여 교인들을 교육하고 살피는 임무가 있었다(23항). 칼뱅은 집사의 역할에 사회적 봉사를 부여했는데 여기에서는 교회 내적인 역할만을 언급하였다. 장로와 집사는 신학교 교수라고 해도 특별허락이 없으면 말씀과 성례전 사역을 할 수 없었다(3항).

당회는 목사와 장로로 구성되었는데 매주 1회씩 모였다. 장로의 수가 적으면 '집사'로 당회원을 보충했다(37항).

1974년의 「도르트 교회직제」에는 약간의 변화가 있었다. 정교분리의 원칙이 있는 미국에서 네덜란드 개혁교회는 목사 임직과 승인에서 공직자 개입조항을 삭제했다(4항). 그리고 교회는 내부적으로 평등과 민주적인 형식을 더 발전시켰다. 이 문서는 목사들 사이의 직무는 평등하며 위계질서가 없고, 장로들과 집사들 각각에 있어서도 상호간에 어떤 계층질서도 없다고 명시하고 있다(17항). 장로와 집사의 임기에도 큰 변화가 일어났다. "장로와 집사는 2년을 봉사하는 것으로 하되, 교회의 상황이나 기타 유익이 없는 경우에는 매년 절반은 대체되어야 한다."(27항)고 했는데 이는 미국의 민주주의 원리가 교회 안에 적용된 것이다.

| 요점정리 |

벨기에 신앙고백서
- 교회의 표지인 말씀설교, 성만찬집례, 치리를 위해 직분이 설립된다.
- 당회는 목사, 장로, 집사로 구성된다.
- 그리스도께서 제정한 직분에 근거하여 특수직분을 세울 수 있다.

도르트 교회직제
- 4중직제의 부활
- 목사, 장로, 집사, 교사의 역할이 전문화되었다.
- 당회는 목사와 장로로 구성되지만 장로 수가 적으면 집사가 참여했다.
- 미국의 네덜란드 개혁교회는 장로와 집사의 임기를 2년으로 명시했다.

미국 개혁교회의 직제

네덜란드 개혁교회(The Reformed Protestant Dutch Church)는 1624년부터 미국에 정착하기 시작했고 1772년 암스테르담 노회에서 분립하여 세워진, 미국에서 가장 오래된 개혁교회이다. 현재는 미국개혁교회(RCA: Reformed Chuch in America)라고 부른다. 이 교회는 미국 독립혁명 이후 1792년에 「도르트 교회직제」를 미국 상황에 맞게 수정보완해서 「네덜란드 개혁교회 헌장」을 제정했고, 1833년과 1874년에 더 수정을 했다.[10] 이 문서는 3세기가 지나도록 놀랄 정도로 큰 변화 없이 약간의 수정만을 거쳐 보존되어 왔다.

목사의 임무는 "설교하고, 신앙을 가르치고, 양 무리를 방문하고, 때가 좋든 나쁘든, 말씀과 행실로 성도들의 영적인 유익을 항상 증진시키는 데 바빠야 한다."(14항) "모든 복음의 교역자들은 지위와 권위에 있어 동등하다. 교회 안에서 모두가 주교들(bishops)이고 감독자들(overseers)이고, 하나님의 신비를 맡은 평등한 청지기들이다."

신학교수들은 "오직 복음의 진리를 가르치고 변호하기 위해 구분되었고, 그런 이유로 목회적 의무에서 면제된다."(19항) 신학교수들도 치리회에 참여하는 것을 제외하고는 교회에서 설교할 수 있고, 성례전을 집례하고, 노회와 총회에 참석한다(20항).

장로와 집사의 선출방식은 엄격하지 않고 다양성이 보장되어 있었다. 첫째, "당회가 배수공천하고 교인들이 섬길 사람을 선출한다." 둘째, "당회의 간섭 없이 전 회중이 후보를 선출하고 선거한다." 셋째, "당회가 회중을 대표하여 전원을 선출하고 교회에 알려 회중이 승인한다."(26항). 큰 교회 안에서는 일반적으로 세 번째 방식이 오랫동안 사용되었다. 교회가 성장한 경우에 당회의 대표적 권한이 더 강화되었음을 보여주는 대목이다.

당회는 장로와 목사들로 구성된다. 미국에서는 초기에 개교회가 작았기 때문에 집사들이 장로들과 함께 당회를 구성했고 그 전통이 지속되었다. 그러나 장로들은 목사와 함께 개교회의 영적 통치를 맡고 집사들은 구제하는 일을 맡았다. 집사들이 당회원으로 일할 때는 장로와 동등한 권한을 갖고, 목사를 선출하고 교인을 대표했다. 그러나 교리문제, 윤리적 치리, 노회 총대선거는 목사와 함께 장로들의 고유한 권한이었다(1833, 50항, 1874, 43항).

장로와 집사의 임기는 2년이고 매년 절반의 숫자를 교체했다. 그 이유는 교회 임무에 대한 부담을 줄이고, 자격이 있는 회원들에게 임무를 교대하기 위함이었다. 그러나 특별한 상황에서 장로가 재선될 수도 있었다(28항). 이 문서는 목사선출, 교회건축, 교인들의 평화와 복지에 관계된 특별히 중요한 사안이 있을 때, 노회는 전직 당회원들(장로들과 집사들)을 다 소집하여 논의하기를 권고한다. 그러나 이 모임이 투표권을 가지지는 못했다(29항).

1883년에 보완된 항목을 보면 당회는 목사, 장로, 집사로 구성된다.

당회장은 목사로 규정했지만 목사가 없을 경우 장로가 임시당회장을 맡을 수 있었다. 당회에서 목사가 다수일 경우 돌아가면서 회의를 진행했다. 목사 선출의 권한은 당회에 있지만, 상회와 회중들과 협의하도록 했다. 목사가 없는 당회가 목사를 청빙할 때 이웃교회 목사를 초청해서 회의절차를 감독했다. 이러한 절차는 장로교회가 협의회적 절차를 중시하는 것을 잘 보여준다.

이제 시찰회, 노회, 총회의 역할을 살펴보자. 개혁교회는 감독교회와 회중교회의 양극단 사이에서 중도노선을 취했기 때문에 시찰회와 노회와 긴밀한 관계를 맺게 된다. 시찰회는 최소 목사 3인, 장로 3인으로 구성된다. 시찰회의 권한은 개교회 목사청빙을 인정하기도 하고 거부하기도 하며, 목사를 임명하기도 하고 퇴위시키기도 한다(38항). 시찰회는 당회가 처리하기 어려운 문제들, 특히 신학 후보생과 신학을 마친 목사 후보생을 시험하고 감독하는 일을 한다(39항). 노회는 각 시찰회에서 목사 2명, 장로 2명을 파송하여 구성하고(45항), 목사 지망생이나 목사 후보생의 시험을 관리한다(47항).

총회는 각 시찰회에서 목사 3명, 장로 3명을 파송해서 구성했고, 교회의 최고법정으로 정치, 평화, 일치에 관한 문제들의 최종 호소처였다. 총회의 임무는 신앙생활에 관한 사항을 감독하고, 조화와 화합을 유지하며, 교회들이 장로교회의 원칙과 실천을 유지할 수 있도록 하는 것이다.

| 요점정리 |
- 목사의 임무: 설교, 심방, 신앙교육, 말씀과 행동으로 성도들의 영적인 유익을 촉진
- 신학교수의 임무: 복음진리를 가르치고 변호하기 위해 구분되었다. 치리회에 참여하는 것을 제외하고는 다른 목사의 임무를 수행한다.
- 교리문제, 윤리문제, 노회총대선거는 목사와 장로들의 고유권한이었다.
- 장로와 집사의 임기는 2년으로 한다.
- 장로교회는 개교회와 총회 사이에 시찰회와 노회를 두었다.

헝가리 개혁교회의 직제

헝가리 개혁교회[11]는 루터와 칼뱅주의에서 출발했으나 200여 년 동안 가톨릭계 합스부르크 왕조의 억압을 받으면서 위계적인 감독제도를 지니게 되었다. 그리고 1848년부터 국가의 공인과 지원을 받으면서 감독제도가 확고해졌다.

헝가리 개혁교회는 17세기 초에 당회와 노회를 설립했다. 이것은 정치적으로 가톨릭국가로부터 교회를 분리시키려는 노력이었다. 19세기 중엽에 헝가리 개혁교회는 개교회가 당회를 가져야 한다고 선언했으나 이 역시 칼뱅주의 영향이라기보다 계몽주의적 민주주의 원칙에 더 큰 영향을 받은 것이었다.

17세기 박해시기에 로마가톨릭교회는 개혁교회 약화를 목적으로 목

회자의 공급을 방해했다. 그러나 각 지역에서 30년 혹은 70년 동안 평신도 장로들이 목사 없이 개혁교회를 유지했다. 1781년 관용령이 발표되고 난후, 1791년에 목사들과 평신도 대표들은 부다 대회(Synod of Buda)를 소집하고 교회의 평신도 주도권을 끝맺었다. 그리고 그들은 모든 차원에서 목사와 평신도로 이루어진 평등성의 원리를 교회 정치에 적용시켰다.

1948년부터 헝가리 공산정부는 전국적, 지역적 차원의 교회지도자들과 신학교수들, 크고 중요한 개교회의 목사들을 임명했으나 평신도 장로직에 대해서는 관여하지 않았다. 1950년대에 공산당에 의해 임명된 교회 감독들은 소련식 집단농장에 참여하기를 거부하는 장로들을 모두 퇴임시켰다. 그리고 1967년「교회치리서」는 교회 상위기구에 불복하는 당회를 해체시킬 권한을 주었다. 이로써 장로들의 중요성과 개교회 목사들의 역할은 축소되었다. 개교회 차원에서 목사, 장로, 교사 및 다른 직분들을 세워놓았지만, 지역과 노회 차원의 상위구조에는 전혀 장로들을 받아들이지 않고 있다.

헝가리 개혁교회의 감독들은 1848년부터 국가로부터 부분적인 봉급을 받았는데, 1980년대는 봉급을 전액 받으면서 개교회와 관계가 단절되었다. 지난 50년 동안 교회의 소수 특권층이 목사와 장로 임명, 신학교육, 행정, 재정, 타교파와의 관계 등을 장악해왔다. 현재 헝가리 개혁교회의 당면과제는 과거 공산치하에서 공산정권과 야합했던 교회의 고위 지도자들의 문제를 해결하는 것이다.

헝가리 데브레첸 개혁신학교의 교회사 교수인 레베츠(Imre Revesz)와 같은 뜻있는 지도자들은 장로교 직제원리에 입각한 평신도, 혹은 평신도 출신 장로제도를 확립하는 것이 감독과 평신도 사이의 분리를 극복할 수 있는 길이라고 제시하고 있다.

| 요점정리 |
- 헝가리 개혁교회는 가톨릭교회의 박해와 공산정권의 통제로 감독제도가 정착되었다.
- 17세기 교회박해 시절에 장로들이 개혁교회를 유지했다.
- 18세기 종교 관용 이후 교회정치는 평신도와 목회자의 평등성에 기초하여 이루어졌다.
- 19세기 중반부터 국가가 감독의 봉급을 지원하면서 교회는 협의회적 성격을 잃었다.
- 1948년부터 공산정권은 감독을 통해 교회를 통제하고 평신도 지도력을 약화시켰다.
- 장로직제는 공산주의와 독제체제 안에서 평신도교역직을 지키고 교회의 건강성을 유지하는 데 중요한 기능이었다.

스코틀랜드장로교회의 직제

● 「교회치리서」(The Book of Discipline)[12]

1560년에 존 낙스와 그의 동료들은 스코틀랜드 종교개혁을 위해 「교회치리서」와 「스코틀랜드 신앙고백서」(The Scots Confession)[13]를 출판했다. 「교회치리서」는 직제를 다루고 있는데 목사의 선출과 청빙에서 회중의 참여를 강조하고, 목사자격과 시험이 대단히 엄격하다. 또 감독들(supeintendents)과 독경사(readers)에 대한 언급이 있는 것이 이색적이다.

목사를 선택하는 것은 회중과 개교회의 고유권한에 속한다. 그러나 개교회가 목사를 선출하지 못할 경우, 지역의 감독이 적절한 목사를 추천했다. 실제로 스코틀랜드장로교회는 초기에 다섯 명의 감독을 세웠으나 그들이 죽은 후 감독을 세우지 않았다. 이 감독제도는 가톨릭적인 것이 아니었고, 과도기적으로 적용한 것이었다. 독경사는 종교개혁 초기에 목사가 없는 개교회 안에서 기도문과 성경을 읽도록 회중에 의해 선출된 평신도 지도자들이었다.

장로는 은퇴한 장로와 집사들이 지명하고, 회중들이 그 지명을 보강하여 2배수 공천을 한 후, 하자가 없으면 회중에 의해 선출되었다.[14] 교회가 작아서 장로와 집사를 임명할 수 없으면 인근 교회와 연합하여 치리장로를 두었다. 장로와 집사의 임기는 다음과 같다.

> 장로와 집사들의 선거는 매년 있어야 한다(우리는 매년 8월 1일을 선호한다). 그 이유는 그러한 직책을 오래 행사할 경우에 그들이 교회의 자유를 이용하고 남용할 것이기 때문이다. 하지만 이것은 한 사람이 1년 이상 재직하는 것을 방해하지는 않지만, 그는 공동의 자유선거에 의하여 매년 다시 선출되어야 한다. 단 회계집사는 3년 어간동안 집사직분을 다시 받도록 강요받을 수 없다.[15]

초창기 스코틀랜드장로교회의 당회는 목사, 장로, 집사로 구성되었다. 스코틀랜드에서는 한 교회가 넓은 지역의 목회를 감당해야 했기 때문에 집사의 역할이 중요했다. 당회의 임무는 치리를 행하고, 교회의 일반적인 업무를 의논하고 목사 선출에 주도적인 역할을 했다. 그러나 당회가 목사를 검토할 때 최종결정에서 집사는 제외되었다. 흥미로운 것은 당회가 목사를 포함한 모든 직원들에 대한 치리를 실행했다는 것이다.[16] 특히 장로들은 목사를 돕고 목사와 함께 교인들의 신앙적인 삶을 다스렸지만 목사들의 삶도 감독했다.

> 물론 장로들은 그들이 보필하는 목사들의 삶, 태도, 근면성, 연구에 주의해야 한다. 만일 목사가 권면을 받을 만하면 장로들은 그들을 권면해야 한다. 그리고 목사들이 교정이 필요하면 장로들은 그들을 교정해야 한다. 만약에 목사가 퇴위되어야 할 만한 잘못을 저질렀으면 장로들은 교회 및 감독과 협의하여 그를 퇴위시킬 수 있다.[17]

평신도인 장로들이 목사를 감독하도록 한 것은 중세 위계질서적 교직체계에 대한 혁명적 도전이었다. "장로들은 목사의 독주와 횡포를 막고, 목사들은 장로들의 임기를 짧게 함으로써 장로들의 교권행사를 극소화했다."[18]

● 「제2 교회치리서」(1578)[19]

약 20년이 지나서 낙스의 후계자인 앤드류 멜빌(Andrew Melville)은 더 성숙한 장로교 제도를 담은 「제2 교회치리서」를 썼다. 먼저 교회정치는 하나님께 받은 권한에 기초하여 "올바른 재판권과 정치"를 사용하는 것이라고 했다.(I.3)

이 문서도 4중직제를 강조했다. 목사는 말씀설교, 성례집행, 교인양육과 감독을 위한 직책이다. 목사는 기능에 따라 네 가지 명칭이 있었다. 양 무리를 먹이기 때문에 '목사'(pastor), 양 무리를 보호하기 때문에 '감독'(episcopi 혹은 bishop), 그들을 섬기기 때문에 '봉사자'(minister), 영적으로 다스리기 때문에 '장로'(presbyters)이다.

"장로직은 일상직이며 하나님의 교회 안에서 영속되는 것이고 항상 필수적인 것이다."(IV.4) "장로직은 목회직과 마찬가지로 영적인 기능이다."(IV.5) "그 직책에 한 번 부름을 받은 장로들은 …… 그것을 그만두지 말아야 한다."(IV.6) "말씀의 교사들인 장로들은 두 배로 존경을 받아야 하지만, 모든 장로들이 말씀의 교사일 필요는 없다"(IV. 9). "장로들의 직무는 자신들에게 맡겨진 양 무리를 개인적으로든 공동체적으로든 엄격히 감독"하는 것이다.(IV.11) 장로들은 회중들 사이에서 목사와 교사들이 뿌린 말씀의 씨앗이 얼마나 열매를 맺는지 검토해야 한다.(IV.12) 장로들의 주된 직무는 교회에 질서와 치리를 확립하기 위해 목사들 및 교사들과 함께 회의들을 개최하는 것이다.(IV.12)

"교사(Doctors)들은 종합대학들과 단과대학들과 다른 필요한 장소에 임명되어야하고 성경의 의미를 충분히 해석해주고 기타 학교들을 책임 맡고, 종교의 기초를 가르치기 위해 배치되어야 한다."(XII. 5)

노회는 목사, 장로, 교사들로 구성되었다. 집사들이 노회에서 제외되었다. 장로들은 노회원이지만 노회참여가 목사들과 교사들처럼 의무적인 것은 아니었다. 1582년부터 노회가 치리할 때 목사들과 교사들(doctors)의 수가 장로들의 수보다 많도록 규정했다.

당시 장로교 안에도 감독직을 둘 수 있었다. "만일 감독(episkopos)이라는 이름이 바르게 적용된다면, 감독들은 다른 목사들과 동등하다. 그것은 우월성이나 주권의 이름이 아니라 감독하는 직분(기능)이다."(VIII.10)

존 낙스의 「제1 교회치리서」와 멜빌의 「제2 교회치리서」를 비교해보면 커다란 변화가 발견된다. 더글라스 머레이(D.M. Murray)는 그 차이에 대해 다음과 같이 말한다.

> 장로들의 지위는 격상되었으나, 목사들을 권징할 수 있는 그들의 권한은 없어졌다. 장로직은 평생직이 되었고, 안수례로써 임직을 받았다. 그러나 이러한 변화에는 실천적인 이유가 있었다. 즉, 교회가 왕의 지배 아래 들어갈 위험에 처해 있어서 교회를 국가권력의 간섭으로부터 보호할 필요를 느꼈기 때문이다.[20]

머레이의 주장에 의하면 「제1 교회치리서」는 장로의 '평신도 이론'을 주장했고 「제2 교회치리서」는 장로를 '안수받은 평생직'으로 주장했다. 그리고 그것이 발전되어 목사직과 장로직은 동일한 직분이 되었고, '가르치는 장로'(목사)와 '치리장로'(장로)로 구분되었다고 보고 있다. 멜빌은 항존직으로서 '두 장로설'(Two elders theory)을 주장한 것이다.

● 스코틀랜드장로교회에서 최근 장로직에 대한 논의[21]

1982년 스코틀랜드 장로교총회의 교리위원회(The Panel on Doctrine)는 평신도의 만인제사장직과 특수교역직의 상관관계를 검토해 줄 것을 요청받았다. 1985년에 중간보고서가 발표되었고 노회의 수의과정을 거쳤다. 1988년 최종보고서는 1부 "하나님의 백성 전체의 교역"에 대해, 2부 "말씀과 성례전의 교역자, 장로직 그리고 집사직"에 대해 논했다. 여기서 언급된 장로직은 이견이 많아서 총회 산하 노회와 당회에서 다시 논의되었다.

"교리위원회"는 장로제도의 융통성과 변모 가능성을 보면서 '평신도이론'을 선호했다. 이 위원회는 안수례 받은 장로가 평생직으로 일할 경우 평신도 위에 군림하고, 교회의 자유를 저해하고, 과중한 업무 부담으로 제대로 섬길 수 없다고 보았던 것이다. 그리고 임기를 제한하여 새로운 젊은 세대들을 많이 기용하여 시대적 요청과 도전에 응답할 수 있다고 보았다. 그래서 교리위원회는 장로의 임기를 5~10년 사이로 하고 당회가 교회 상황에 맞게 조절할 수 있도록 했다. 그리고 장로임기를 두 번에 걸쳐 연임하고 1년 쉬고 다시 출마할 수 있도록 했다. 그리고 교리위원회는 목사 안수와 장로안수가 다른 의미가 있다고 보았다.

'안수'라고 하는 동일한 용어를 말씀과 성례의 교역에 임직하는 목사와 장로직에 임직하는 장로에게 동일하게 적용해서는 안 된다. 전자는 전(全)교회를 위한 교역인 반면, 후자는 개교회 안에서의 교역이다. 장로직은 개교회를 떠나면 끝난다. 전자는 노회의 목사들에 의해 안수례를 받고, 후자는 개교회에서 동료 장로들이 아니라 목사에 의하여 안수례를 받는다. …… 전자는 훈련과 엄선을 거친 전임(傳任)으로 전(全)시간을 봉직하나, 후자는 분임(分任)으로 봉직한다.[22]

이러한 논쟁은 신학적인 이유도 있지만 스코틀랜드 교회가 급격한 인원감소, 특히 젊은 세대들의 인원감소를 겪으면서 나타난 위기의식을 반영하고 있다. 교회문화가 너무 전통적이어서 젊은 세대가 교회의 중요 의사결정에서 소외되고 있고, 신앙유산에서 멀어지고 있다고 본 것이다.

| 요점정리 |
- 존 낙스는 「제1 교회치리서」(1560)를, 멜빌은 「제2 교회치리서」(1578)를 기록했다.
- 존 낙스는 장로의 임기를 1년으로 하고 장로에게 목사를 포함한 전 교회를 감독하는 권한을 부여했다. 이것은 장로들의 교권행사를 막고 목사들의 독주를 막는 제도였다.
- 초기에 교회는 광범위한 지역을 감당했기 때문에 집사가 당회에 참여했다.
- 멜빌은 장로의 임기를 항존직으로 하고 장로의 목사 감독권을 철폐했다. 이는 장로의 권한을 강화시켜 국가로부터 교회를 지키려 했고, 과도한 교권행사를 못하도록 목사의 권한도 강화시킨 것이다. 멜빌은 '가르치는 장로'와 '치리장로'를 구분하여 '두 장로설'을 발전시켰다.
- 교회가 안정되었던 멜빌의 시대에는 집사가 노회에 참여할 수 없게 되었다.
- 최근 스코틀랜드장로교회의 교리위원회는 '두 장로설'을 거부하고 '평신도이론'에 근거해서 장로안수와 목사 안수를 구분하고, 임기제를 도입하자는 주장을 하였다.

잉글랜드 개혁교회의 직제

● 「교회치리서」(1587)

영국의 엘리자베스 1세 여왕이 통치하던 시절, 청교도 작가로 알려진 월터 트라버스(Walter Travers, 1548~1635)는 국교에 대해 반대하다가 1570년에 제네바로 쫓겨 갔다. 그는 칼뱅의 후계자인 베자(Beza)와 교감을 나누었고, 「교회치리서」(1574)를 출판했다. 그의 친구 카트라이터(Thomas Cartwright)는 그 치리서를 영문으로 출판했다. 트라버스는 1578년 다시 잉글랜드로 귀국하여 목사가 되어 약 20년간 목회를 했다. 1584년에 잉글랜드 장로교인들이 교회직제서를 만들어 트라버스에게 수정 보완을 요청했다. 그 작품이 「교회치리서」(1587)였다. 이 문서는 반세기 후인 1644년에 출판된 유명한 「웨스트민스터 정치지침서」(The Westminster Directory of Government)의 자료가 되었다.[23]

이 문서는 4중직제를 언급한다. "말씀의 교역자들은 첫째, 말씀을 설교하고 성례를 집례하는 목사들이다. 그 다음은 건전한 교리에 전념하는 교사들이다. 그 외에 모든 삶과 행동을 감독하는 장로들이 있고, 가난한 사람을 돌보는 집사들이 있다." 여기서 장로회인 당회 안에 "교리를 가지고 목회하는 사람들과 고유하게 장로로 불리는 사람들"이 포함된다는 '두 장로설'을 택하고 있다. 당회는 목사가 인도하며 여러 명의 목사가 있으면 순번제로 하였다. 출교나 목사의 선출과 퇴위와 같이 중요한 일은 전체 교회와 협의해야 한다.

● 「웨스트민스터 교회정치지침서」(1645)[24]

영국의 의회를 장악한 여러 종류의 개혁교인들은 웨스트민스터 총회를 열고 1645년 7월 4일에 「교회정치지침서」를 통과시켰고, 이 지침서야말로 성경적인 교회정치라고 결정했다. 비록 영국 국회가 이것을 법령화하지는 않았지만 1647년 스코틀랜드장로교총회는 이것을 공식적으로 받아들였다. 이 문서는 스코틀랜드장로교회를 통해 미국으로 전파되었고 초기 미국장로교회를 형성하는 기초가 되었다.

이 문서는 교회의 일상직을 목사, 장로, 교사, 집사로 말한다. 특징적인 것은 목사가 4중직을 겸임한다고 본 것이다. 목사는 말씀과 성례전의 교역, 권징의 권한이 있고, 가르침의 은사가 있으면 교사로 일할 수도 있다. 그리고 다른 은사가 있는 목사는 다른 책임을 맡을 수도 있도록 했다.

그리고 당회에 대해 말한다. "개교회 안에는 직무를 수행하기 위해 세워진 교역자들이 있어야 한다. 말씀과 가르침 그리고 권징을 위하여 최소 하나의 목사가 있고, 그를 도와 교회정치에 참여하는 치리장로들이 선출되어야 한다." 당회는 치리장로와 집사를 선출하고 반드시 회중들의 동의와 인준을 얻어야 했다. 치리장로의 임기는 제한을 두지 않는 항존직이었다. 이 문서는 준노회(provincial assembly)가 목사를 안수하도록 했다. 여러 도시들과 이웃마을들에 조직된 '설교장로'들(preaching presbyters)이 목사 안수에 참여하는데, 여기서 '프레스비터'는 목사를 의미했다. 한 목사가 안수를 받거나 다른 교회로 옮겨갈 경우 개교회의 동의를 얻도록 했다. 이 지침서는 회중의 결정을 중시하여 당회와 목사 개인의 독주를 차단했다.[25]

| 요점정리 |
- 목사는 4중직을 겸임할 수 있다.
- 당회는 목사와 치리장로로 구성한다(두 장로설). 치리장로는 항존직이다.
- 장로와 집사의 선출, 목사의 선출과 퇴위는 반드시 회중의 동의를 얻어야 했다.
- 당회나 목사 개인은 전체 회중을 무시하지 않아야 한다.

미국장로교회(PCUSA)

미국의 네덜란드 개혁교회와 스코틀랜드장로교회는 그 민족적 기원이 다르지만 교회직제의 원리에는 다음과 같은 공통점이 있었다.

① 교회의 머리이신 그리스도는 성경적 원칙에 따라 교회를 치리하기 위해 사람을 임명하신다.
② 교회의 치리형태는 목사와 개교회에서 선출된 치리장로들에 의한 연합적 치리이다.
③ 치리장로와 가르치는 장로는 평등하다.
④ 개교회들은 상향식 상회들에 의해 통일성을 지향한다.[26]

● **미국장로교회 헌법(1788)**

1788년 뉴욕·필라델피아 대회(synod)는 교회정치를 포함한 헌법을 채택했다. 그 헌법에는 "치리장로"(Of Ruling Elders) 항목이 있는데 그 내용은 100년 동안 변화가 없었다.

치리장로들은 목사들 혹은 교역자들(pastors or ministers)과 협력하여 정치와 치리를 수행하기 위한 목적으로 회중들에 의해 선출되며 그들을 바르게 대표한다. 이 직책은 개혁교회들의 대다수에 의해 성경 안에서 정치의 형태로 지시된 것이며, 잘 다스리고 말씀과 가르침에 종사하지 않는 사람들의 명칭으로 이해되어 왔다.(IV)

1830년대와 1840년대에는 미국 장로교 안에서 장로직에 대한 논쟁이 벌어졌다. 논쟁의 핵심은 두 가지였다. 첫째, 성경의 '프레스비터'(presbyter)와 현대의 '장로'(elder)를 동일시 할 수 있는가? 둘째, 장로가 목사 안수식에서 안수할 수 있는가?

1832년 프린스턴 신학교의 교수 새뮤얼 밀러(Dr. Samuel Miller)는 「치리장로 직책의 보증, 본성, 임무에 대한 소고」(An Essay on the Warrant, Nature and Duties of the Office of the Ruling Elder)[27]라는 책을 출판했다. 밀러는 치리장로직은 거룩한 보증이 있는 것이고 절대적이고 필수적인 직책이라고 주장했다. 그는 권위 있는 장로집단이 있으면 목사가 너무 과도한 권한을 갖는 것을 막을 수 있으며 많은 목사를 두지 않아도 된다고 주장했다. 1830년대에 장로가 목사 안수식에서 안수할 수 있는지의 여부로 심각한 논쟁이 일어났다. 켄터키(Kentucky)의 노회들은 장로가 목사 안수에 참여하는 것을 허용했다. 1843년 웨스트 렉싱턴(West Lexington) 노회는 이 문제를 총회에 문의했고, 총회는 이 안건을 183 대 9로 부결시켰고, 노회 모임의 정족수에 반드시 치리장로들이 있어야 하는 것은 아니라고 결정했다.

브레킨릿지(Dr. Robert J. Breckingridge)와 제임스 쏜웰(Dr. James H. Thornwell)은

교인들의 대표로서 장로들이 노회의 치리회에 참석하고, '프레스비터' (Presbyter)로서 목사 안수식에 참여하는 것이 필수적이라고 보았다. 프린스턴 신학교의 찰스 핫지(Dr Charles Hodge)는 그에 반대했다. 핫지는 신약성서의 '장로들'(Presbyters)은 목사를 뜻하며 현대의 '장로들'(elders)과 동일시 할 수 없고, 목사 안수식에서 안수할 권한이 없다고 했다. 1844년 미 장로교총회는 핫지의 입장을 따랐고 목사 안수에 장로가 참여할 수 없다는 결론을 내렸다. 총회는 장로 안수례를 "단순히 선언적인 목회 행위"(simply a declaratory ministerial act)로 보았다.

이 논쟁은 남북의 대립으로 확대되었다. 1879년 남장로교회(PCUS)는 새로운「교회치리서」를 채택할 때 쏜웰과 브레킨릿지의 입장을 수용했다. "치리장로는 말씀과 가르침에 종사하지 않지만 말씀의 교역자들처럼 교회의 법정에서 같은 권한을 갖는다."(IV.3.2). 북장로교(PCUSA)는 헌법상 장로들의 권한을 부여하는 데 시간이 걸렸다.

● 「교회의 정치형태」(1996)

미국장로교회 헌법은 「신앙고백집」(The Book of Confession)과 「교회치리서」(The Book of Order)로 구성되어 있다. 1996년의 교회치리서는 "교회의 정치형태"(The Form of Government)와 "권징조례"(Rules of Discipline)에 대한 수정 조항들이 첨가되었다. 여기서는 "교회의 정치형태"를 중심으로 살펴본다.

이 문서는 그리스도께서 "그의 권위를 여성과 남성의 교역을 통해 행사하셔서" 그의 나라를 이룩하신다고 말한다. 교회의 목표는 "인류 구원을 위한 복음의 선포, 하나님 자녀들의 보호, 양육, 영적 교제, 예배의 유지, 진리의 보존, 사회 정의의 증진, 세상에서 하나님 나라를 실현하는 것"이다. 이 문서는 미국장로교회의 "직제의 원리"에 대해 다음과 같이 말한다.

① 하나님만이 양심의 주인이다.
② 교회헌법은 세속권력으로부터 독립된다(정교분리).
③ 우리 주님께서 교회를 세우시기 위해 복음을 설교하고 성례전을 집례할 뿐만 아니라 진리와 의무를 보전하기 위해 치리를 행사할 직책들을 임명하셨다.
④ 진리의 시금석은 거룩성에 있다.
⑤ 교회 직분들의 성격과 자격과 권위는 성경에 규정되어 있다.

이 문서는 또한 미국장로교회의 "정치의 원리"에 대해 9가지로 정리했다.

① 미국장로교회에 속한 개교회들은 어느 곳에 있든지 합하여 한 교회를 구성한다.
② 개교회는 장로들(presbyters)[목사들과 치리장로들~역주]에 의해

서 다스려진다.

③ 장로들은 단계적으로 되어 있는 통치기구들[당회~노회~총회~역주]에서 함께 모여 일한다.

④ 장로들은 단순히 회중의 뜻을 반영할 뿐만 아니라 그리스도의 뜻을 발견하고 나타내려고 함께 애써야 한다.

⑤ 다스리는 모든 기구의 결정사항은 토론을 거쳐, 다수의견을 좇아 결정한다.

⑥ 상위 통치기구는 하위 통치기구를 관할하고 제어할 권한을 가지며, 하위 기구의 문제들을 처리한다.

⑦ 장로들은 치리기구의 권위에 의해서만 안수례를 받아 임명된다.

⑧ 교회의 법적 관할권은 통치기구들 안에서 연합적으로 행사되어야 하는 공유된 권한이다.

⑨ 통치기구들은 교회의 헌법이 부과하는 의무와 권한을 효과 있게 실행하기 위해서 필요한 모든 행정적 권위를 지니고 있다.(G~4.0300)

미국장로교회의 직제는 협의회적 전통을 가지고 있다. 직제는 만인제사장설에 근거하여 평신도들의 보편적 교역직(universal ministry)과 특수교역직(special ministry)이 구분되지만 양자는 평등하고 오직 기능상의 차이가 있을 뿐이다. 장로(Presbyters)는 목사와 치리장로를 포함하고, 그 둘 사이의 관계는 동료적 연대성을 지향한다. 모든 직분자들은 동일하게 그리스도의 위탁명령 아래서 함께 봉사하는 것이다.

 교회 안의 모든 직제는 예수 그리스도로부터 온 선물이다. 회중들과 직원들이 동일하게 모두의 최고 목자(chief minister)가 되시는 그리스도의 위임명령 아래서 상호간에 섬긴다. 그리스도의 교역은 모든 교역들의 기초이고, 모든 교역의 표준은 '섬김을 받으려 함이 아니라 섬기러 오신' 그분의 모습이다.(G~6.0100)
 교회의 회원됨의 책임은 특수한 기능들을 수행하기 위해 안수받는 직원들을 선출하는 것이다. 이러한 직원들의 존재가 전체 교역(the total ministry of the church)을 향한 교인들의 헌신의 중요성을 결코 감소시키지 않는다. 안수받은 직원들은 오직 기능상으로만 다른 교인들과 차이가 있을 뿐이다.(G~6.0102)

 이제 직제의 임무에 대해 살펴보자. 목사는 말씀과 성례의 교역 이외에 장로와 집사들과 더불어 다음의 일을 수행한다.

 목사는 장로들과 더불어 하나님을 예배하고 섬기도록 교인들을 격려하고, 교인들로 하여금 교회 안에서 그들의 할 일을 잘 하게 하며, 세상에서 그들의 선교를 잘 수행하도록 무장시키고 힘을 공급하며, 가난한 자들, 병든 자들, 시름에 차 있는 자들, 죽어가는 자들에게 특별한 주의를 기울이는 목양적 돌봄을 시행하며, 교회를 다스리는 책임수행에 참여하여 교회의 결의과정에서 교인들 모두를 참여시키고, 교회 밖의 더 큰 인간사회를 섬기는 것이다. 목사는 집사들과 함께 자비의 행위와 증거와 섬김의 교역을 수행해야 한다.(G~6.0200)

목사는 다원화사회 안에서 다양한 목회를 해야 하기 때문에 교육목사, 교목이나 원목, 채플린, 목회 상담목사, 학원목사, 선교목사, 협동선교목사, 전도목사, 행정목사, 사회 사업목사, 상담역 목사 및 기타 교회교역을 위한 일을 할 수 있다(G~6.0203).

"장로는 회중에 의해 선출되며, 말씀과 성례의 교역자들인 목사들과 함께 지도력, 통치 및 치리를 행사하며, 개교회의 삶과 그 이상의 교회의 삶과 에큐메니컬 관계를 위한 책임을 수행한다."(G~6.0300) 장로는 당회와 상회에 대의원으로 선출되어 목사들과 동일한 권위를 가지고 참여하고 투표하며, 어떤 직책을 위해서 피선거권을 갖는다. 또 "장로는 목사와 당회 앞에 특별한 주의를 요하는 사람들과 구조들에 대한 정보를 공급해야 한다." "성경을 가르칠 수 있는 능력을 배양해야 하며, 말씀과 성례전을 맡은 정규 교역자가 없는 장소에서 교역을 대행하고, 특별한 경우에 한해서 노회의 승인을 받아 성만찬을 집례할 수 있다."

집사는 "예수 그리스도의 모범을 따른 사랑과 증거와 봉사의 직무이다."(G~6.0400) 미국장로교회의 「교회치리서」는 '교사'에 대해 별로 언급하지 않는데 최근에는 교파를 초월하여 교수들이 초빙되고 안수례를 받지 않은 평신도 교수들이 많기 때문이다.

장로와 집사의 임기는 3년이고, 6년 이상을 연임할 수 없다. 6년을 시무한 장로나 집사는 최소 1년을 휴직해야 한다. 당회나 제직회 안에서 장로들과 집사들은 항상 둘 혹은 세 그룹으로 구성되는데 각 그룹의 숫자는 동수로 한다. 그들 중 한 그룹은 매년 임기를 마치고 교체된다. 장로들과 집사들이 두 그룹일 경우 그들의 임기는 2년으로 한다.(G~14.0201)

미국장로교회가 장로와 집사의 임기를 이렇게 정한 목적은 첫째, 평신도들이 장로나 집사가 되는 경험을 확대하여 전체교인들의 성숙을 기대하는 것이다. 둘째, 안수례 받는 장로나 집사들이 장기시무를 함으로써 회중들의 자유가 방해받지 않도록 하는 것이었다.[28] 미국장로교회는 개교회 및 각 통치기구에 에큐메니컬 활동이 개방되어 있는 특징이 있다.

| 요점정리 |
- 미국장로교회의 '직제의 원리'와 '정치의 원리'를 다시 한 번 점검해 보자.
- 미국장로교회는 협의회적 전통을 중요시한다.
- 보편적 교역직과 특수 교역직은 평등하며 기능상의 차이가 있다.
- 목사와 치리장로 사이의 관계는 평등하고 동료적 연대성을 지향한다.
- 장로와 집사의 임기는 3년이다. 6년 연임 후에는 반드시 1년 이상 휴직한다.
- 장로와 집사는 동수(同數)로 세 그룹을 두어 매년 한 그룹이 임기를 마치고 교체된다.

한국장로교회(통합)

한국장로교회는 미국북장로회, 미국남장로회, 캐나다장로회, 호주장로회의 4개 장로교 선교회 선교사들에 의해 조직되었다. 초기에는 선교사들이 한국 교회를 관할하여 치리를 행하고, 성만찬을 집례했고, 개교회 안에 임시 직책들을 임명했다. 세례교인들이 증가하면서 세례교인들이 교회의 임직자들을 선출하기 시작했다. 1887년 9월 27일, 14명의 교인들이 언더우드의 사랑방에 모여 서문밖(새문안)교회를 조직할 때 서상륜과 백홍준을 피택한 것이 최초의 장로 피택이었다. 그러나 새문안교회는 1904년 10월 2일 송순명(宋淳明)의 장로 장립을 당회의 출발로 인정하고 있다. 그것은 서상륜의 장립을 개교회를 위한 것으로 보지 않고 한국 교회 전체를 위한 것으로 보았기 때문이다.[29] 그러나 서상륜이 가정상의 이유로 평생 장로임직을 받지 않았다는 주장도 설득력이 있다. 한국인 장로들이 선출되면서 초기에 당회를 갖춘 교회들은 서문밖교회(1887), 소래교회(1900), 평양교회(1901)였다. 1904년에는 전국에 24명의 장로가 있었다.

1907년 독노회에서 7명의 첫 한국인 목사가 임직되기 이전에 장로가 먼저 임직되었다는 것은 향후 한국 교회 직제에 큰 영향을 미쳤다. 초기 장로교 선교사들은 장로를 항존직으로 결정했는데, 두 가지 이유가 있었다. 우선 초기 선교사들은 신학교를 갓 졸업하고 목사 안수를 받고 한국으로 왔기 때문에 본국의 전통을 그대로 따르는 쪽을 택했다. 미국장로교회 직제에 영향을 준 「웨스트민스터 총회 정치지침서」[30])와 스코틀랜드장로교회의 「제2 교회치리서」는 장로 임기를 항존직으로 규정하고 있다. 둘째로 한국인 목사가 없던 초기 한국 교회에서 장로들은 설교와 치리를 감당했다. 초기 "한국 교회 지도자가 되는 일반적인 경로는 권서-성서학원의 학생-집사 혹은 장로-신학생으로 선교사의 조사, 그리고 마지막으로 목사가 되는 과정을 거쳤다."[31]) 장로들은 거의 목사에 준하는 역할을 감당했기 때문에 항존직의 권위와 책무를 부여할 수밖에 없었다. 또 유교적 전통이 강한 한국사회의 정서상 항존직 장로가 임무를 수행하기가 적합했다. 한국초대교회 안에서 장로의 위치는 사실상 목회자 수준이었고, 초기 목사들의 대부분도 장로 출신이었다.

초기 선교사들은 한국에 하나의 교회를 세울 비전을 가지고 있었다. 1889년 호주장로회의 데이비스(J.H. Davies) 목사가 입국하면서 미북장로회와 호주장로회는 "장로교연합공의회"를 조직했다. 그러나 이듬해 데이비스 목사가 선교여행 중에 부산에서 죽으면서 공의회는 지속되지 못했다. 그러다가 미남장로회 선교부가 입국한 후, 1893년 1월 28일 빈톤의사(Dr. Vinton)의 집에서 공의회가 재조직되었다. "장로회연합공의회"의 목적은 "한국에 개혁교회 신조와 장로교 정치를 사용하는 단일한 토착교회"를 세우는 것이었다. 이 공의회는 1907년 한국에 최초의 노회가 생길 때까지 한국장로교회의 치리회 역할을 했다. 1905년도에 교회의 신경과 규칙이 선교사들에 의해 준비되었다. 이 고백서는 1904년 인도민족교회가 채택한 것을 전문만 변경하고 그대로 수용한 것이었다. 요리문답은 「웨스트민스터 소요리문답」이 채택되었다. 첫 노회의 총대는 38명의 선교사와 40명의 한국인 장로들이었다. 이 노회는 최초로 7명의 한국인 목사를 안수했고, 7개의 대리회를 조직했다.

● 「대한예수교장로회 정치형태」(1907)[32]

1907년에 채택된 「대한예수교장로회 정치형태」는 제1조 교회, 제2조 예배, 제3조 직원, 제4조 교회의 치리회, 제5조 법 개정 그리고 규칙으로 되어 있다. 제3조 직원의 내용을 보면 다음과 같다.

1. 교회의 항존직은 두 반열로 장로와 집사이다.
2. 장로는 두 부류이다. 첫째, 가르치며 다스리는 장로로서 이들은 일반적으로 '목사'라 불린다. 둘째, 다스리는 장로로서 이들은 일반적으로 '장로'라 불린다.
3. 목사는 그리스도의 복음선포와 성례의 집행과 교회의 다스림을 위해, 안수에 의해 따로 구별되는 직원이다. 하나의 교회 혹은 그 이상의 교회를 맡은 교역자(Minister)를 '목사'(Pastor)라 부르고 노회에 의해 복음전도 사역에 임명된 자를 '전도자'(Evangelist)라 부른다.
4. 장로는 교인들에 의해 선출되어 안수에 의해 따로 구별되는

직원으로서, 교회를 영적으로 돌보고 다스리는 일에 목사와 동역한다.

5. 집사는 교인들에 의해 선출되어 안수에 의해 따로 구별되는 직원으로서, 가난한 자들과 병자들을 돌보고 재정을 관리하는 일에 목사와 장로와 동역한다.

6. 강도사(Licentiate)는 복음을 설교할 수 있도록 노회에 의해 정식으로 면허를 받은 자이다. 그들은 노회의 지도 아래 일해야 하며, 노회가 지정해 주는 목사의 감독 아래 조사로 시무할 수 있다.

최초로 채택된 한국의 장로교직제에는 목사, 장로, 집사, 강도사가 있었다. 여기에 교사직제가 빠진 것은 선교사들이 교수였고, 아직 한국교회가 가르칠 수 있는 직제를 세울 형편이 아니었기 때문이다. 이 규정에서 주목할 것은 목사와 장로를 '가르치는 장로'(Teaching elders)와 '다스리는 장로'(Ruling elders)라고 규정한 것이다. 이것은 미국장로교회(특히 남장로교회)의 '두 장로설'을 그대로 옮긴 것이다.

장로의 "평신도이론"을 주장하는 사람들은 목사(Pastor)는 장로(elder)에 속하는 것은 아니라고 보며, 성경의 '프레스비터'(presbyter)를 '장로'(elder)와 다른 것으로 본다. 칼뱅은 디모데전서 5장 17절(잘 다스리는 장로들을 배나 존경할 자로 알되 말씀과 가르침에 수고하는 이들을 더 할 것이니라)을 주석하면서, "당시에 모든 장로들이 말씀을 가르치도록 안수 받지 않았기 때문에, 두 종류의 장로가 있었다."고 말했다. 그러나 칼뱅은 그들 중에 가르치는 자가 목사라는 말은 하지 않았다.

1912년 9월 1일 평양에서 대한예수교장로회총회가 조직되었다. 52명의 한국인 목사와 125명의 장로들, 44명의 선교사들이 참석했다. 8명의 한국인과 6명의 선교사들로 구성된 '신헌법을 작성하기 위한 특별위원회'가 1917~20년 동안 장로교헌법을 준비했고, 이 준비된 헌법은 노회들의 과반수가 수락해서 1922년에 정식으로 장로교헌법으로 선언되었다. 이 새 헌법은 5개 부분으로 구성되어 있었다.

    1. 신조는 1907년의 헌법과 동일하다.
    2. 웨스트민스터 소요리문답
    3. 정치형식은 미국교단의 헌법을 어느 정도 모방하였다.
    4. 권징 조례는 수정을 거친 후 일반적으로 미북장로교의 헌법을 따른다.
    5. 예배 모범은 수정을 거친 후 일반적으로 미남장로교의 헌법을 따른다.[33]

● 「대한예수교장로회총회헌법」(2000)

현재 통합측 장로교단이 사용하는 「대한예수교장로회총회헌법」(2000)은 Ⅰ. 신조, Ⅱ. 성경소요리문답, Ⅲ. 성경대요리문답, Ⅳ. 정치, Ⅴ. 헌법적 규칙, Ⅵ. 권징조례, Ⅶ. 예배 모범으로 구성되어 있다. 여기서 우리는 제Ⅳ편 정치에서 직제론을 검토할 것이다. 헌법은 교회의 직원을 다음과 같이 정의한다.

> 교회의 머리되신 주 예수 그리스도께서 그 지체된 교회에 덕을 세우기 위하여 직원을 설치(設置)하사 다만 복음을 전파하며 성례를 시행하게 하실 뿐 아니라, 신도로 진리와 본분을 준수하도록 관리하게 하신 것이다. 이러므로 교우 중에 거짓 도리를 신앙하는 자와 행위가 악한 자가 있으면 교회를 대표한 직원과 치리회가 당연히 책망하거나 출교할 것이라. 그러나 항상 성경에 교훈한 법례(法例)대로 행한다.(제1장 제3조)

본 총회 헌법은 모든 그리스도인들이 하나님 앞에서 제사장이라는 개혁교회의 만인제사장직 혹은 '교회의 보편적 교역'(general ministry)에 대해 언급하지 않고 바로 '특수교역'(special ministry)을 직원으로 언급함으로써 '특수교역'을 위계질서로 오해할 수 있는 소지를 남겼다. 특수교역은 반드시 보편적 교역을 전제로 설명되어야 하며 보편적 교역과 특수교역은 평등하며 모두 그리스도의 교역을 섬기는 봉사인 것을 전제로 해야 한다.

총회 헌법은 교회직원을 항존직과 임시직원으로 구분한다(제3장 제2조, 제3조). 칼뱅은 직제를 '비상직'과 '일상직'으로 구분했는데 총회 헌법이 이러한 분류법을 사용하는 것은 여전히 1907년 독노회가 택한 정치형태를 따르고 있기 때문이다. 항존직은 '장로'(감독)와 '집사'로 되어 있다. 1983년 개정헌법에는 '권사'가 항존직으로 분류되었으나 새 헌법에는 그것을 제외했다. 헌법은 장로직 안에서 목사와 치리장로를 구분하는 "두 장로설"을 따르고 있다. 항존직의 시무연한을 만 70세로 정한 것은 스코틀랜드「제2 교회치리서」에서 "그 직책에 한 번 부름을 받은 장로들은 …… 그것을 그만두지 말아야 한다."(Ⅳ. 6)는 전통이 미국장로교회를 통해 한국 교회에 뿌리를 내렸기 때문이다. 스코틀랜드와 미국장로교회는 현재 장로의 임기에 대해 큰 탄력성을 부여하고 있으나 한국장로교회는 과거의 전통을 그대로 따르고 있다.

첫째 목사에 대한 정의를 보면 "그리스도의 복음을 전파하고 성례를 거행하며 교회를 치리하는 자니 교회에서 가장 중요하고 유익한 직분이다."(제4장 제1조) 목사직은 교사, 장로, 집사직을 다 포함하는 것으로 이해되고 있다. 이것은 앞에서 언급한「웨스트민스터 교회정치지침서」(1645)의 전통을 따르는 것이다. 헌법은 목사의 의의를 여덟 가지로 설명한다.

① 양 무리를 감시하는 목자(렘3:15; 벧전5:3~4; 딤전3:1)

② 그리스도의 종, 그리스도의 사역자, 신약의 집사(빌1:1; 고전4:1; 고후3:6)

③ 치리하는 장로(벧전5:1~3)

④ 교회의 사자(계2:1)

⑤ 그리스도의 사신 혹은 복음의 사신(고후5:20; 엡6:20)

⑥ 교사(딛1:9; 딤전2:7; 딤후1:11)

⑦ 전도인(딤후4:5)

⑧ 도를 맡은 청지기(눅12:42).

목사의 임무는 다양화된 사회 안에서 그 역할이 다양하기 때문에 지교회 안에서, 선교사로서, 문서선교 활동에서, 기독교 교육 지도자로서의 임무가 언급된다. 여기서 지교회 목사의 임무만을 살펴보면,

> 양 무리된 교인을 위하여 기도하며, 하나님 말씀으로 교훈하고 강도(講道)하며, 찬송하는 일과 성례를 거행할 것이요, 하나님을 대리하여 축복하고 어린이와 청년을 교육하며 고시하고 교우를 심방하며, 궁핍한 자와 병자와 환난당한 자를 위로하고 장로와 합력(合力)하여 치리권을 행사한다.(제4장 제3조)

둘째 치리장로(제5장)의 권한에서 "강도와 교훈은 그의 전무책임이 아니다. 각 치리회에서는 목사와 같은 권한으로 각 항 사무를 처리한다."고 되어 있다. 장로의 직무는 다음의 다섯 가지이다.

① 교회의 신령적 관계를 총찰한다. 치리 장로는 교인의 택함을 받고 교인의 대표자로 목사와 협동하여 행정과 권징을 관리

하며, 지교회 혹은 전국교회의 신령적 관계를 총찰한다.

② 도리오해(道理誤解)나 도덕상 부패를 방지한다. 주께 부탁받은 양 무리가 도리 오해나 도덕상 부패에 이르지 않기 위하여 당회로나 개인으로 선히 권면하되 회개하지 아니하는 자가 있을 때에는 당회에 보고한다.

③ 교우를 심방하되 위로, 교훈, 간호한다. 교우를 심방하되 특별히 병자와 조상자(遭喪者)를 위로하며 무식한 자와 어린아이들을 가르치며 간호할 것이니 평신도보다 장로는 신분상 의무와 직무상 책임이 중하다.

④ 교인의 신앙을 살피고 위하여 기도한다. 장로는 교인과 함께 기도하며, 위하여 기도하고 교인들 중에 강도의 결과를 찾아본다.

⑤ 특별히 심방할 자를 목사에게 보고한다. 병환자와 슬픔을 당한 자와 회개하는 자와 특별히 구조받아야 할 자가 있는 때에는 목사에게 보고한다.(제5장 제4조)

셋째 집사의 직무는 다음과 같다.

목사장로와 합력하여 빈핍곤궁한 자를 권고하며 환자와 갇힌 자와 과부와 모든 환난당한 자를 위문하되 당회 감독 아래서 행하며 교회에서 수금한 구제비와 일반 재정을 수납지출(受納支出)한다.(행이제 임시직원들에 대해 살펴본다. 교회 임시직원은 전도사, 전도인, 권사, 서리집사이고, 준직원(제4조)은 강도사와 목사 후보생을 의미한다. 한국장로교회 안에 있는 임시직원들은 다른 개혁교회 전통 안에서는 찾아볼 수 없는 독특한 직책들이다. 전도사는 "당회 추천으로 노회가 고시하여 자격을 인가하면 유급 교역자로 당회나 목사의 관리하는 지교회 시무를 하는" 직책이다. 미국의 제2차 대각성운동 후에 생겨난 '그리스도제자의 교회'(Church of the Disciples of Christ)를 창시한 캠벨(Alexander Campbell)은 '감독, 집사, 전도사'가 신약성경에 나타난 바른 직제라고 믿었다.

이형기 교수는 이것이 한국장로교회에 영향을 주어 전도사가 생긴 것으로 보고 있다.[34] 전도인은 "유급 교역자로 불신자에게 전도하는 자"이다. 권사는 "당회 지도 아래 교인을 방문하되 병환자와 환난을 당하는 자와 특히 믿음이 연약한 교인들을 돌보아 권면하는 자"이다(제3장 제3조). 이러한 권사의 직무는 집사의 직무와 크게 다르지 않다. 권사직은 여성안수가 허락되지 않았던 우리나라 장로교회 안에서 여성 항존직에 해당하는 교역직이었다. 그러나 여성안수가 허용된 이후 권사는 항존직으로 분류되지 않는다.

| 요점정리 |

- 한국장로교회의 출발은 4개 선교부가 연합하여 세운 "장로회연합공의회"였다. 그 목적은 개혁교회신조와 장로교 정치를 사용하는 단일한 토착교회를 세우는 것이었다.
- 한국 최초의 노회는 1907년에 세워졌고, 한국인 목사 7명을 안수했다.
- 한국 장로회 총회는 1912년에 평양에서 조직되었다.(목사 52명, 장로 125명, 선교사 44명)
- 한국장로교회는 미국장로교회의 전통을 따라 장로단 안에 목사와 치리장로를 두었다.
- 장로의 임기를 항존직으로 한 것은 미국장로교회의 모델을 택했고, 한국 교회 초기 목사가 없던 시절 장로의 역할이 목회자 수준으로 중요했기 때문이다.
- 총회헌법(IV.정치)의 직제론은 평신도 교역직(만인제사장직)의 언급이 없어 '특수교역'을 위계질서로 오해할 수 있는 소지가 있다.
- 본문에서 목사와 장로 집사의 임무를 재확인해 보자.
- 한국장로교회 안에서 전도사, 전도인, 권사, 서리집사는 한국만의 독특한 임시 직제이다.

요약 및 결론

프랑스 개혁교회는 로마가톨릭교회의 박해를 받는 상황에서 정교분리 원칙을 갖게 되었고, 직제의 평등성과 협의회성이 유지되었다. 집사가 당회원이 되었고, 세례문답 교육을 할 수 있었던 것이 그 증거이다.

「제2 스위스 신앙고백서」는 칼뱅의 4중직제에서 '집사직'을 제외했는데 그것은 복지활동을 교회의 일이 아닌 국가의 일이라고 보는 취리히 종교개혁의 특징 때문이었다. 칼뱅은 집사가 가난하고 어려운 사람을 돌보는 성경적 직분이라는 면을 끝까지 포기하지 않았는데 양극화가 심해지는 한국사회 안에서 교회의 집사직이 존중되어야 할 점이다.

「벨기에 신앙고백서」는 박해상황으로 인해 4중직제에서 '교사직'을 제외했다. 후에 미국에서 네덜란드 전통의 크리스천 개혁교회(CRC)는 교사직을 회복시켰다. 네덜란드 개혁교회 전통에는 목사, 장로와 함께 집사도 당회와 노회와 총회에서 구성원이 될 수 있었다. 미국 개혁교회(RCA)는 목사 후보생의 교육수준을 무척 중시했고, '교사직'을 강조한 결과 신학교수들이 설교와 성례전 거행도 할 수 있었다. 신학교수를 교역직으로 본 것은 칼뱅의 정신과 일치한다. 그리고 CRC와 RCA 모두가 장로와 집사의 임기를 2년으로 제한했다.

헝가리 개혁교회는 권력과 야합한 감독제의 병폐를 경험하면서 평신도직제 특히 장로, 집사, 교사직이 얼마나 중요한가를 보여주었다.

칼뱅은 장로의 임기를 한시적인 것으로 보았고, 목사에 대한 치리는 목사회 안에서 행하도록 했다. 그러나 스코틀랜드장로교회에서 존 낙스는 장로들의 임기를 1년으로 제한하면서 그들에게 목사를 감독할 권한을 부여했다. 그러나 감독제도와 투쟁하는 과정에서 장로임기는 항존직으로 격상되었고 대신 목사를 감독할 수 있는 권한은 사라졌다. 칼뱅의 4중직제 이후 개혁교회의 장로직은 역사적 상황에서 그 역할을 감당하기 위해 늘 탄력성이 있었다.

잉글랜드 개혁교회는 청교도적인 장로제가 강조되었는데 교회 안에서 독재가 발생하지 않도록 협의회적 성격을 강조했다. 17세기 개신교 정통주의 영향을 받은 「웨스트민스터 교회정치지침서」는 교사직을 강조하면서 신학교수가 말씀설교, 성례전집례, 권징에도 참여한다. 영국 개혁교회는 목사와 치리장로만이 치리회를 구성했다.

미국장로교회는 '평신도 교역직'에 기초해서 '특수 교역직'을 설명함으로써 종교개혁의 만인제사장 정신을 바르게 세웠다. 그리고 '두 장로설'을 갖고 있고, 장로와 집사의 역할을 임기제로 규정했다. 집사직은 대사회적 사회봉사의 책임을 담고 있다.

한국장로교회의 직제는 1907년에 선교사들에 의해 만들어진 것에서 크게 벗어나지 못하고 있다. '평신도 교역직'에 대한 이해가 너무 약해서 직제가 권위주의로 흐를 위험이 크다. 직원을 '항존직'과 '임시직'으로 구분한 것도 다른 개혁전통에는 찾아보기 어렵다. 한국장로교회는 장로직에 대해 '항존직 두 장로설'을 따르고 있다. 한국교회 전통 안에서 치리장로가 거의 목회자에 준하는 역할을 감당했기 때문에 이 전통은 타당성이 있었다. 현재 정년제 항존직 제도를 택하고 있는 우리 교회는 항존직분자들이 자기 개발과 갱신에 소홀하거나 권위주의 위험에 빠지지 않도록 주의해야 할 것이다. 미국부흥운동의 영향에서 등장한 '전도사직'을 교회의 유급교역으로 두는 것은 목회 현장의 필요에 유익한 점이 있다. 한국 교회가 선교사들의 치리와 가르침 아래 있을 때 "교사직"이 강조되지 못했는데, 이 점은 한국 교회의 신학 수준을 약화시킨 원인이 되었다. 집사직은 사회봉사와 사회정의를 위한 수고를 포함하고 있다. 한국 교회가 집사직을 교회 내적인 봉사에 한정시킨 것은 사회와 교회를 이분법으로 분리시킨 전천년설의 영향 때문이다. 안수받은 집사는 사명이 있는 성서적 직분이다. 그럼에도 한국 교회 안에서 마치 장로 안수를 기다리는 대기직으로 이해되는 것은 큰 병폐이다. 여성안수가 허용된 이후 권사직의 위상이 재고되어야 하지만 목회 현장의 필요에 의해 고려되어야 할 것이다.

참고 문헌

- Bauswein Jean-Jacques and Vischer, Lukas. Eds. The Reformed Family World Wide. Grand Raids`:` Eerdmans, 1999.
- Bently, Peter and Hughes, Philip J. The Uniting Church in Australia. Canberra: Australian Government Publishing Service, 1996.
- Book of Order 1998~99: The Constitution of the Presbyterian Church (U.S.A) Part Ⅱ. Presbyterian Church USA, n.d.
- Clark, C. A. The Korean Church and the Nevius Methods. Christian Literature Society, 1937.
- Dusicza, Ferenc. "*History of the Reformed Church in Hungary.*" http://www.reformatus.hu/english/history.htm.
- Grant, J. W. The Canadian Experience of Church Union. London: Luther Worth Press, 1967.
- Gray, J. S. and Tucker, J C. Presbyterian Polity for Church Officers (Second Edition). Louisville: Westminster/John Knox Press, 1990.
- Hall, D. W. & Hall, J. H. Eds. Paradigms in Polity: Classic Readings in Reformed and Presbyterian Church Government. Grand Rapids: W. B. Eerdmans, 1994.
- Leith, J. H. Introduction to the Reformed Tradition. Atlanta: John Knox Press, 1978.

- Miller, Samual. An Essay, on The Warrant, Nature and Duties OF The Office of The Ruling Elder in The Presbyterian Church. http://www.reformed.org/books/ruling_elder/index.html

- Mission and Unity: Discussion Paper and Order Reading Materials. 22nd General Council of the WARC, August 15~27, 1989, Seoul, Korea. Geneva: WARC, 1989.

- Murray, Douglas M. "The Recent Debate on Eldership in the Church of Scotland," in The Ministry of Elders in the Reformed Church. Ed. Lukas Vischer. Bern`: Evagelische Arbeitsstelel Oecumene Schweiz, 1992.

- 김창욱, 김선배 편저. 「충성된 종이 되는 길: 미국장로교회 한인교회 제직훈련교제」. 미국장로교총회교육부 한국어자료개발실. n.d.

- 연동교회90년사 편찬위원회. 「연동교회90년사」. 연동교회, 1984.

- 이형기 편저. 「세계 개혁교회의 신앙고백서」. 서울: 한국장로교출판사, 1994.

- 이형기. 「장로교의 장로직과 직제론」. 서울: 한국장로교출판사, 1998.

- 정병준. 「호주장로교 선교사들의 신학사상과 한국선교, 1889~1942」. 서울: 한국기독교역사연구소, 2007.

- 총회교육부편. 「16세기 종교개혁과 개혁교회의 유산」. 서울: 한국장로교출판사, 2003.

- 총회교육자원부편, 「개혁교회의 역사와 신학」. 서울: 한국장로교출판사, 2004.

교회를 섬기는 청지기의 길

칼뱅의 장로교회 정치

최윤배 교수(장로회신학대학교, 조직신학)

서론

목적 • 개혁·장로교회는 교회정치를 어떻게 이해하며, 어떤 사람들이 칼뱅의 교회정치에 영향을 주었는지 알게 한다.

목표 • 개혁·장로교회는 교회정치를 합법적인 것으로 간주하고, 매우 중요하게 생각한다. 그리고 칼뱅은 그의 교회정치이론을 성경주석에 근거하여 전개하지만, 루터로부터 만인제사장직의 사상을 도입했고 마틴 부처가 창안한 교회의 사중직분(목사, 교사, 장로, 집사)을 도입했고, 외콜람파디우스가 가지고 있던 교회의 고유한 치리권을 부처를 통해서 물려받았다.

교회 정치에 대한 다양한 이론들

국어사전은 '정치'(政治)를 "국가의 주권자가 그 영토와 국민을 다스리는 일"이라고 정의하고 있다. 국가의 정치에 대해서도 다양한 이론들이 있듯이 교회의 정치에 대해서도 다양한 이론들이 있다. 교회 정치에 대한 몇 가지 이론들을 먼저 살펴보면 다음과 같다.

첫째, 17세기 중엽 영국의 퀘이커파(Quakers)는 모든 교회의 정치를 원리상 거부했다. 그들에 의하면 모든 외형적인 교회의 형성은 필연적으로 부패하여 기독교 정신과 정 반대의 결과를 초래하며, 교회의 외형적인 정치제도는 신적인 측면을 희생시키고, 인간적인 요소를 증가시킨다는 것이다. 교회의 정치는 하나님께서 부여해주신 은사들을 무시하고, 은사를 인간이 제정한 직분으로 대체시킨다는 것이다. 따라서 교회의 정치는 성령과 함께 생명 안에서 교통하기보다는 인간의 지식이라는 껍질을 교회에 씌운다는 것이다. 그러므로 퀘이커파는 외형적인 교회의 형성을 불필요한 것으로 간주할 뿐만 아니라, 유형 교회를 조직하는 것을 죄악이라고 생각한다. 그 결과 교회의 직분이라는 것은 무시되고, 공예배시에 각 신자는 성령의 감동을 따르기만 하면 되는 것이다. 미국의 일부 퀘이커파는 통상적으로 목사를 세우고 다른 교회들과 다를 바 없이 예배드리고 있지만, 초기의 퀘이커파는 영국 성공회의 성직 계급과 형식주의에 대한 반동으로 일어나, 모든 교회 정치를 원리상 거부했다.

둘째, 에라투스(Eratus, 1524~1583)를 따르는 에라투스주의자들은 교회를 국가가 제정한 법규에 따라 존재하며, 형성된 일종의 사회로 간주한다. 교회의 직원들은 말씀을 가르치고 선포하는 자들인데, 정부나 국가의 지도자들로부터 위임받은 권한을 제외하고는 그들에게 다스릴 권한이나 능력이 없다는 것이다. 교회를 치리하고 권징을 시행하고, 심지어 파문(破門)을 선고하는 것도 국가에 위임된 기능이다. 교회의 견책은 그 시행이 교회의 합법적인 직원들에게 위임된 경우라 할지라도 국가나 정부가 주는 형벌이다.

셋째, 감독제도를 주장하는 자들에 따르면 교회의 머리가 되시는 그리스도께서 교회의 운영을 직접적으로 그리고 전적으로 사도들의 후계자들인 고위 성직자들 또는 감독들에게 위임하셨으며, 이 감독들은 구별되고 독립적이며, 무제한으로 계속할 수 있는 성직으로 만드셨다고 말한다. 이 교회 정치제도에서 신자들의 공동체는 교회의 정치에 절대로 참여하지 못한다. 교회사에서는 초기에 로마가톨릭교회가 이 같은 정치 제도를 채택했다. 영국에서는 이 같은 정치제도가 에라투스주의 정치제도와 결합되어 나타났다.

넷째, 로마가톨릭교회의 정치제도는 감독제도의 논리적 귀결이다. 로마가톨릭교회의 제도는 자신들의 교회 안에 사도들의 후계자들이 포함되어 있으며, 특별히 사도들 가운데서도 수위를 차지하는 베드로의 후계자가 자신들 안에 있음을 강조한다. 그들 가운데 있는 베드로의 후계자는 그리스도의 특별한 대리자가 되는 셈이다. 로마가톨릭교회는 절대적인 계층구조적 성격을 띠게 된다. 교리, 진리, 도덕상 오류가 없는 교황은 교회의 교리와 예배와 정치를 결정할 권리를 갖는다. 이 교황 밑에 성직자들이 계층질서를 통해서 서열화되어 있다[교황→추기경→주교→사제→부제(집사)→신자들]. 신자들은 교회 정치에 대해 전혀 발언권이 없다.

다섯째, 회중파 또는 회중교회 제도는 소위 독립교회의 제도로 부를 수 있다. 이 제도에 의하면 교회 또는 회중은 독립된 완전한 교회이다. 이 같은 교회에서 교회의 치리권은 독점적으로 자신들의 일을 규정할 수 있는 교회의 회원들에게 있다. 직원들은 단지 지(개)교회에서 가르치고, 교회의 제반사를 관리하도록 임명되었을 뿐, 교회의 회원으로서 그들이 소유하고 있는 것 이상으로 다스릴 권한이 전혀 없다. 필요할 경우 공동의 유익을 위하여 여러 교회들이 서로 연합하여 교회 회의나 지회나 지방회(地方會)를 구성할 수는 있으나, 이 연합체의 결정은 권고적이거나 선언적인 것일 수는 있으나, 어떤 특정한 교회에 구속력이 있는 것은 아니다.

그렇다면 우리가 논의할 개혁·장로교회의 정치제도는 위에서 언급한 어느 제도에 속하는가? 아니면 위에서 언급한 교회 정치제도와 다른 형태를 띠고 있는가? 개혁·장로교회의 정치제도는 두 가지 방향에서 발전했다. 국가교회를 형성한 개혁·장로교회에서는 국가의 통수권자가 교회의 수장의 역할을 했고, 정교분리의 원칙에 따라서 국가로부터 독립한 개혁·장로교회에서는 교회 자체가 독립적인 교회정치법을 가지고 있었다. 그러나 이 두 경우 모두 교회정치는 하나님께서 교회의 유익을 위하여 주신 합법적인 질서에 속했다.

칼뱅의 개혁·장로교회의 정치사상에 영향을 준 종교개혁자들: 루터, 츠빙글리, 외콜람파디우스, 부처

16세기 종교개혁 당시 모든 종교개혁자들은 대체로 두 가지 진영과 대립하였다. 교회 정치 문제에서도 종교개혁자들은 두 진영, 즉 로마가톨릭교회 진영과 급진적 종교개혁운동 진영(재세례파운동이나 농민운동이나 열광주의자들 등)과 다른 입장을 취하였다. 로마가톨릭교회는 '모든 신자들의 제사장직'(the priesthood of all believers), 즉 '만인제사장직'을 부정하고, 계층구조적인 성직 제도를 강하게 주장했고, 재세례파들은 교회의 직제나 직분을 완전히 부정하고, 오직 만인제사장직만을 인정하였다. 로마가톨릭교회의 주장과 재세례파의 주장은 서로 상반되지만, 그들은 모두 교회의 직제와 만인제사장직을 상호 배타적으로 이해했다는 점에서 동일한 입장을 가진 셈이다. 즉 로마가톨릭교회는 만인제사장직을 부정하고, 교회의 직제만을 선택하였다면, 재세례파는 교회의 직제를 부정하고, 만인제사장직만을 선택한 것이다.

그러나 종교개혁자들은 교회의 직제(직분)와 만인제사장직을 상호 배타적으로 이해하지 않고 상호 보완적으로 이해하여, 교회의 직제와 만인제사장직 모두를 중요시했다. 모든 신자들은 누구든지 만인제사장직을 갖지만, 각 신자는 성령의 은사에 따라 다른 직분을 더 부여받을 수 있다. 한 가지 예를 들면 루터가 어린 아이도 제사장이 될 수 있다고 주장할 때, 루터의 이 주장은 목사직이 필요 없다는 말이 결코 아니다. 루터의 이 주장은 성직자만이 제사장이 될 수 있다고 주장한 로마가톨릭교회를 비판하면서 모든 신자들이 가지고 있는 만인제사장직을 주장하기 위한 것이다.

● 루터

후스나 위클리프 등을 통해서 이미 종교개혁운동에 대한 싹이 움트고 있었지만, 마침내 1517년 10월 31일 종교개혁자 마틴 루터(Martin Luther, 1483~1546)의 95개조 반박문의 발표를 시점으로 종교개혁의 불길이 치솟았다. 루터는 만인제사장직을 통해서 로마가톨릭교회의 계층구조적 성직제도를 강하게 비판했다. 그러면 먼저 16세기 루터가 활동했던 당시와 오늘날 21세기에 로마가톨릭교회가 확고부동하게 붙들고 있는 교회의 직분에 대한 계층구조적인 이해를 살펴보자.

기독교 초기에 이미 발생한 로마가톨릭교회의 교회론의 특징 중에서 가장 중요한 것은 '감독'(ἐπίσκοπος, ἐπισκοπή, 딤전3 : 1)제도였다. "교회가 있는 그곳에 하나님의 영도 계신다. 하나님의 영이 계시는 그곳에 교회와 모든 은사가 있다. 그러므로 성령은 진리이다"(Irenaeus, Adv. haer., III, 24, 1). 고대교부 키푸리아누스(Cyprianus)는 교회의 통일성의 관계 속에서 감독의 직무에 강조점을 두었다. 키푸리아누스가 주장한 로마의 감독은 우월권(수장권)을 가지고 있지만 오늘날에도 로마가톨릭교회가 주장하듯이 사법적인 의미에서가 아니라, 기능적인 의미에서 로마의 우월권이었다. 그는 "교회를 어머니로 갖지 않는 자는 하나님을 아버지로 가질 수 없다."(Cypurianus, De cath. eccl.unitate, 6)고 말했다. 아우구스티누스(Augustinus, 354~430)는 교회론을 더욱 풍성하게 만들었다. 그에 의하면 교회는 성령의 교회로서 영적인 교회이다. 이 속에 사랑이 있다. 교회는 그리스도의 몸이다. 이 몸속에서 모든 성도들은 지체를 이루고 있다. 참된 성도들은 하나님에게만 알려졌다. 그러나 교회는 제도적 측면도 갖고 있다. 사람들이 은혜(구원)의 수단에 참여하여 구원을 받는 장소가 교회이다. 교회의 말씀은 권위를 가진 말씀이다.

교황 보니파키우스 8세(Bonifacius VIII, 1302)와 플로렌스 회의(1439)의 교리 결정들이 있었지만, 중세시대에는 대체로 교회론이 거의 발전되지 않았다. 로마가톨릭교회의 트렌트회의(1563)에서 서품성사에 대한 교리는 성찬성사 등 다른 성례(성사)들과 밀접하게 결부되어 있다. 여기서 교회상은 강력하게 성직 계급구조적으로 변했다[교황→주교→사제→부제(집사)→신자들]. 『트리덴트 신앙고백서』(1564)에서는 다음과 같이 기록되어 있다. "나는 거룩하고, 보편적이고, 사도적인 로마의 교회를 모든 교회들의 어머니와 교사로 시인한다. 나는 로마의 교황을 복된 베드로의 계승자이며 사도들의 지도자로, 예수 그리스도의 대리자로, 후계자로, 교사로, 참된 순종으로 시인하고 맹세한다." 17세기에 로마가톨릭 신학자들은 로마교황이 교회의 머리가 됨을 추호도 의심하지 않았다. 이 같은 로마가톨릭교회의 특징들은 다음과 같다.

① 교회는 가시적인 구원의 기관이다.
② 성직자들은 평신도 위에 서 있다. 이 성직 계급 속에서 주교들이 중심인물이 된다.
③ 보편교회는 교황에 의해서 다스려지는 성직 계급구조에 의해서 통치된다.

그러면 최근의 로마가톨릭교회의 교회론은 중세시대의 교회론과 비교할 때 얼마나 달라졌는가? 결론적으로 말하면 근본적인 구조면에서 중세와 지금의 교회 본질의 구조가 거의 대동소이하다고 말할 수 있다. 심지어 제1차 바티칸회의(Vaticanus I, 1869~1870)에서조차도 로마교황의 우월성과 무오성 교리가 확정되어 있다. 몇 가지 중요한 내용들을 요약하면 다음과 같다.

① 교황은 성도들의 최고 법관이다.
② 교황은 최고의 교도권(교리결정권)을 갖는다.
③ 교황이 모든 그리스도인의 목자와 교사로서 말할 때(ex cathedra; from the chair), 모든 교회를 위해서 신앙 또는 도덕(윤리, 행위)에 관계된 교리를 확정할 때, 베드로 속에서 그에게 약속된 신적인 지지를 통해서 무오하다.

이것을 하나님에 의해서 계시된 교리라고 부른다. 이를 부인하는 자는 저주받을지어다 라고 말하고 있다. 1943년 피우스 12세(Pius XII)에 의해서 '그리스도의 신비스런 몸으로서의 교회'에 대한 강조가 생겼다. 여기서 그리스도의 신비스러운 몸은 로마가톨릭교회와 완전히 일치한다. 그리스도는 자신의 사역을 이 로마가톨릭교회를 통해서 일하신다. 성령은 그리스도의 신비한 몸인 이 교회의 영혼이다.

제2차 바티칸회의(Vaticanus II, 1962~1965)의 문서 중에서 특히 '이방의 빛'(Lumen Gentium, 1964)이라는 문서 속에 교회론이 두드러지게 나타난다. 여기서 교황과 주교들 사이의 관계가 가장 중요하다. 교회는 신적인 요소와 인간적인 요소로 구성된 복합적인 현실성이다. 제1장에서의 주된 내용은 다음과 같다. 성육신하신 말씀의 신비와 어느 정도의 유사성이 존재한다. 여기서 우리는 로마가톨릭교회의 교회론의 성육신론적 확장이론을 발견할 수 있다.(비교 Nr. 52) 신앙의 대상으로서의 교회는 베드로의 계승자이며, 베드로의 계승자와 일치된 주교들에 의해서 통치되는 로마가톨릭교회 속에 있다. 이런 교회가 바로 로마가톨릭교회 속에 구체적으로 존재한다(subsistit in). 제2장의 내용은 다음과 같다. 하나님의 백성과 관련하여 하나님의 백성의 제사장직은 성례(성사)에 종속되어 있음을 천명한다. 결국 '이방의 빛'(Lumen Gentium)이라는 항목에서 교회론의 핵심은 성직 계급구조, 특히 주교(감독)제도이다. 여기에서 결정적으로 중요한 것은 성경이 아니라 교회의 전통이다. 성직 계급구조가 교회의 본질을 이루고 있다. 비록 주교들 사이에 동등성이 존재하는 '연합체'(Kollegium) 사상이 발견될지라도, 이것은 교황의 우월성과 무오성과의 관련 속에서 이해되지 않고 있다. 여기서 교황 파울루스 6세(Paulus VI)는 주교들의 연합체를 우선하고 선언하고 명령하는 위치에 서 있다. 더구나 교회론은 마리아론으로 끝난다. 마리아는 예수 그리스도 편에서 교회의 동역자이고 보호자이며, 동시에 어머니로서 그녀를 사랑하고 경외하고 그녀를 닮아야 하는 교회의 모형이다. 교황은 언제나 마리아를 교회의 어머니로 부른다. 비록 제2차 바티칸회의 문서 속에 다양한 해석을 가능케 하는 몇몇 현대적 새로운 관점들이 첨가되었다 할지라도, 주된 흐름은 로마가톨릭교회의 전통적인 교회에 대한 이해 속에 동일하게 머물러 있다.

위에서 살펴본 바와 같이 교황 그레고리 1세(540~604) 이후 중세 로마가톨릭교회는 성경적 교회의 본질로부터 벗어났다. 로마 교황이 앉아 있는 피라미드의 꼭지점으로부터 신자들인 평신도에 이르는 [교황→주교→사제→부제(집사)→신자들] 계층구조적 성직체제가 견고하게 구축되어 있다. 교황은 서품성사에 의하여 역사적으로 사도적 계승권을 그대로 물려받아 예수 그리스도의 대리자가 된다. 성직자들은 7성례(영세=세례, 미사=성찬, 견진성사, 고해성사, 종부성사, 신품성사, 혼인성사)를 통하여 하나님의 은총을 평신도들에게 매개시키는 역할을 한다. 중세부터 오늘날 21세기에 이르기까지 로마가톨릭교회가 주장하고 있는 교회의 직분, 특히 계층구조적 성직계급은 교회 직제의 기능을 훨씬 넘어서 교회의 본질 자체를 형성하고 있다.

종교개혁운동의 창시자요, 프로테스탄트교회(개신교회)의 창시자인 루터에게 교회의 본질은 직제에 있다기보다는 "믿음으로 의롭다함을 받는다"는 "이신칭의"를 포함하는 "복음선포"에 있다. 루터의 정신을 이어받은 멜랑흐톤은 「아우구스부르크 신앙고백」(1530)에서 "어디에 참 교회가 있는가?"라는 질문에 대해, 참 교회는 "복음이 순전히 설교되고 그 복음에 일치하는 성례전(=세례와 성찬)이 거행되는" 곳이라고 말했다. 결국 로마가톨릭교회는 7성례를 집례하는 성직자가 있는 곳에 교회가 있다고 주장한다면, 루터를 따르는 모든 교회는 복음이 설교되고 이 복음에 일치하는 성례전이 집례되는 곳에 참 교회가 있다고 주장하는 셈이 된다.

재세례파들은 만인제사장직 이외의 교회의 직제를 무시했지만, 루터는 만인제사장직과 함께 교회의 직제를 중요시했다. 그러나 루터는 중세 로마가톨릭교회와는 달리 교회의 직제를 교회의 본질과 결부시키지 않고, 교회의 정치와 구조 다시 말하면 교회의 직제 차원에서 이해했다. 그러므로 루터에게는 신자로서 어린 아이도 가지고 있는 만인제사장직은 사역자가 가지고 있는 목사직과 모순되거나 상충되지 않고, 상보적으로 이해될 수가 있는 것이다. 다시 말하면 만인제사장직이라는 보편 교역과 목사라는 특수 교역은 상충되지 않고 상호 공존할 수 있는 것이다.

루터가 믿음으로 의롭다함을 받고 세례받은 모든 신자들이 가지고 있는 만인제사장직과 관련된 일반 교역과 교회의 특수한 직분과 관련된 직제와 연관된 특수 교역을 어떻게 관련시키고 있는지 루터의 말을 들어보자. "교황, 감독, 사제, 수도승만이 영적 신분(status)을 가지고 있다는 생각은 순전히 조작된 것이다. 모든 그리스도인은 완전히 동일한 영적 신분을 가진다. 이들 상호간에 어떤 차이도 존재하지 않는다. 이들 사이에 존재하는 차이는 다만 직책상의 차이뿐이다. 그 이유는 우리 모두가 한 세례, 한 복음, 한 신앙을 지녔고 동일한 그리스도인이기 때문이다. 그도 그럴 것이 세례, 복음 그리고 신앙만이 우리를 영적이게 만들고, 한 기독교 백성으로 만든다. 우리 모두는 세례를 통하여 성별된 사제이다(벧전2:9)."(「독일 귀족에게 고하는 글」, 1520) 루터에 의하면 모든 그리스도인은 한 세례, 한 복음, 한 신앙을 가진 영적인 신분을 가진 동등한 제사장이기 때문에, 직책과 기능상에서 상호간에 차이가 존재할 따름이다. 조직신학적으로 말한다면 루터는 만인제사장직을 세례론의 관점에서 이해하고 있다고 말할 수 있을 것이다.

믿음으로 의롭다함을 받고, 세례받은 모든 그리스도인은 수직적으로 하나님께 직접 나아갈 수 있을 뿐만 아니라, 수평적으로 다른 사람들을 위해서 직접 하나님께 중재기도를 드릴 수가 있는 것이다. "첨가하여 말하자면 우리는 제사장들이다. 그러므로 우리는 왕보다 더 크다. 우리는 제사장들이기 때문에 하나님의 존전에 설 자격이 있고, 다른 사람들을 위하여 기도할 수 있다. 하나님의 면전에 서서 기도한다는 것은 제사장에게만 주어지는 특권이다. 한 제사장이 백성을 위하여 행동하고 기도하듯이 그리스도께서는 우리를 구속하심으로써, 우리도 다른 사람들을 위하여 행동하고 기도할 수 있게 하셨다."(「그리스도인의 자유」, 1520)

우리가 앞에서 언급했다시피, 재세례파는 만인제사장직이라는 미명 하에 교회의 직제를 무시하고 교회의 직분을 불필요하게 만들어, 교회를 혼란과 무질서 속으로 몰아넣었다. 그러나 루터는 여기에 반대하여 모든 평신도들이 갖는 일반 교역으로서의 만인제사장직은 교회에서 특별한 직책을 맡아서 수행하는 특별 교역을 무시하지 않고, 오히려 교회의 질서를 위하여 특별 교역을 필요로 한다고 역설했다. "세례의 물로부터 나온 사람은 누구든지 자신이 이미 성별된 또는 봉헌된 한 사제, 한 감독, 한 교황이라고 자랑할 수 있으나, 누구나 그와 같은 직책을 수행해야 한다고 하는 것은 올바르지 않다. 비록 우리 평신도가 동일한 신분을 가졌다고 할지라도 그 누구도 회중의 동의와 선거 없이 우리 모두가 그것에 대하여 동일한 권위를 가지고 있는, 그러한 교역을 스스로 나서서 떠맡아서는 안 된다. 그도 그럴 것이 그 누구도 공동체의 권위와 동의 없이 모든 믿는 자들이 공유하고 있는 바를 감히 스스로 떠맡을 수는 없는 것이기 때문이다."(Luther's Works, Vol. 44, 129)

우리가 인용한 루터의 글로부터 다음과 같은 결론이 내려질 수 있을 것이다. 루터는 만인제사장직에 근거한 평신도들의 일반 교역과 특정한 직책과 직분을 맡은 특별 교역 모두를 균형 있게 주장했다. 그러나 중세나 오늘날의 로마가톨릭교회가 후자만을 주장한다면 16세기 당시 재세례파나 오늘날 일부 절대평신도주의자들은 전자만을 주장하는 셈이 된다.

● **츠빙글리**

종교개혁자 츠빙글리(Huldrych Zwingli, 1484~1531)는 교회 교역자의 설교 직분(Predigamt)과 정부의 관료 직분(Obrigkeit)이 서로 근본적으로 다르다고 생각하여 엄격하게 구별시키면서도, 상호 유기적 협력과 상호 비판 관계도 강조하였다. 그는 처음부터 취리히시에서 기독교적 사회를 지향하는 프로그램을 제시하여 종교개혁운동을 위해 국가와 정부의 필요성을 의식했다. 츠빙글리에 의하면 모든 법은 하나님의 뜻에 따라 제정되어야 하며, 만약 행정 관료가 하나님의 판단기준을 어기면서 국가권력을 집행한다면 그것은 하나님을 반대하는 것이 된다. 따라서 츠빙글리의 활동은 교회와 신학의 차원을 넘어 사회정책, 외교정책, 국방정책 등에 강한 영향을 미치게 되었다.

츠빙글리의 경우 교회와 국가는 각각 자신의 고유한 역할을 통해서 한 하나님을 섬기는 것이다. 교회의 설교자는 '하나님의 공의'와 관련을 맺고 있는 바, 내적이고 하나님의 뜻과 완전히 일치하는 하나님의 말씀을 전한다. 행정 관료는 '인간의 정의'와 관련을 맺고 있는 바 외적이며, 우리의 이웃을 돕거나 최소한 이웃에게 해를 끼치지 않는 말이나 행동을 해야 하는 것이다. 그러므로 인간의 정의는 하나님의 공의와 연결된다. 이 둘은 서로를 돕는다. 설교자는 하나님의 말씀을 올바르게 전함으로써, 행정 관료는 그 설교를 보호하고 하나님의 율법에 따라 사회의 생활을 규제함으로써 서로 돕는 것이다. 하나님이 주신 임무를 수행하기 위해 설교자에게는 하나님의 말씀이 주어져 있고, 행정 관료에게는 검(劍)이 주어져 있다. 츠빙글리의 국가관은 공동체의 모든 생활이 하나님의 통치 아래 있고 하나님의 영광을 위해서 교회의 설교자와 행정 관료는 하나님의 통치와 영광을 확립하기 위해 노력해야 한다는 의미에서 신정 정치적이다. 츠빙글리의 경우 행정 관료가 없으면 교회의 참된 설교자를 세울 수 없지만, 그 반대로 참된 설교자가 없으면 행정 관료는 아무것도 할 수가 없다. 그러므로 교회의 설교자가 행정 관료보다 더 필요하고 근본적인 존재이다. 왜냐하면 교회의 목회자의 중요한 역할은 하나님의 말씀을 설교하는 데 있기 때문이다. 행정 관료가 해야 할 두 가지 중요한 일들 중에 하나는 교회생활과 관계된 것으로써 복음 설교를 허용하는 것과 다른 하나는 취리히시의 생활을 하나님의 율법에 따라 규제하는 것이다. 그러므로 행정 관료가 하나님의 법에 어긋나게 행동하는 경우, 교회는 그 통치자를 하나님의 이름으로 해임해야 한다. 반대로 행정 관료는 복음 말씀을 전하지 않는 거짓 선지자를 취리히시로부터 추방시켜야 한다.

이상에서 살펴본 바와 같이 츠빙글리의 경우 하나님의 말씀을 자유롭게 설교하고 가르치는 것이 교회에 맡겨진 중요한 임무이기 때문에, 교회의 정치와 치리 문제는 시의회(국가, 정부)에 맡기는 경향이 있다. 츠빙글리의 종교개혁은 취리히 시의회와 긴밀한 협조 하에 완성될 수 있었고, 시의회와 교회는 하나님의 법에 따라 하나님의 영광을 위하여 동일한 하나님을 섬기는 하나의 기독교 공동체의 양면이다. 바로 이런 의미에서 취리히에서 신정론적인 정치가 이루어졌던 것이다. 정부 공직자로서 평신도 원로들(seniors)이 교회의 정치와 치리를 맡게 되었다. 그러나 츠빙글리는 1525년에 국가로부터 독립해 있는, 순전히 교회의 기구에 해당되는 목사 2명과 시의회 대표 4명으로 구성된 「결혼법령」(a marriage court)을 만들었는데, 1년 뒤에는 여기서 '도덕' 문제까지 취급하게 되었다. 이 「결혼법령」은 애초에 콘스탄스의 주교의 권한 아래 있었으나, 츠빙글리가 이것을 넘겨받아 시행한 것이다. 바로 여기에 장로교회적 치리기구의 씨앗이 보인다.

● **외콜람파디우스와 부처**

종교개혁자 요하네스 외콜람파디우스(Johannes Ökolampadius, 1482~1531)는 스위스 쉬바벤 지방에서 태어나 바젤의 종교개혁자로 알려졌다. 츠빙글리와는 대조적으로 외콜람파디우스는 국가로부터 완전히 독립해 있는 교회의 고유한 정치와 치리기구를 만들었다. 외콜람파디우스는 1530년에 마태복음 18장 15~18절을 근거로 치리와 권징의 주체를 국가가 아닌 교회로 파악하고, 여기에 나타난 교회를 '교회의 대표'로 이해했다. 그는 목사 4명과 시의회 대표 4명과 평신도 대표 4명으로 구성된 순전한 교회의 치리와 권징 기구를 만들었고, 개교회에는 3명으로 구성된 위원회를 두어 앞의 기구와 동일한 임무를 수행하게 했는데, 여기서 평신도 대표는 장로들이었다. 비록 이 제도가 1530년대 말경 바젤시 당국에 의해 폐지되었고, 외콜람파디우스가 1531년에 세상을 떠나서 바젤시에서는 실천되지 못했지만, 그 후 마틴 부처(Martin Bucer= Butzer, 1491~1551)가 외콜람파디우스의 치리 개념을 계승하여 명실 공히 칼뱅과 기타 개혁·장로교회의 정치와 치리 사상에 결정적으로 영향을 끼쳤다.

칼뱅의 신학과 직제론에 가장 큰 영향을 끼친 사람은 스트라스부르의 종교개혁자 마틴 부처이다. 부처는 성경 본문에 근거하여 '장로직'에 대하여 논의한다. 이전에 로마가톨릭교회의 주교가 가지고 있는 모든 법적, 행정적 관할권을 스트라스부르시가 물려받았기 때문에, 스트라스부르시의 역할이 종교개혁을 위해 매우 중요했다. 따라서 부처는 스트라스부르시를 개혁하는데 시의회 대표들을 끌어들이지 않을 수 없었다. 부처는 1531년 10월 30일 '키르헨플레거'(Kirchenpfleger; a board of lay workers), 즉 '교회감독' 제도를 도입하여, 시의회가 평신도를 임명하여 교회의 삶을 감독케 하는 것이었다. 이 제도의 구성원은 삼분의 이가 귀족인 시의회 대표였고, 삼분의 일은 평신도였다. 처음에 이들의 직무는 목사의 설교와 생활을 감독하는 것이었으나, 1543년에 와서는 세례받은 교회 구성원 전체의 삶을 감독하는 것으로 확대되었다. 비록 '교회감독자'가 시 당국에 의해서 임명되었지만 국가로부터 전혀 간섭받지는 않았다.

또한 마틴 부처는 교회의 4중직(quadruplex), 즉 목사, 장로, 교사, 집사를 주장했는데, 「참된 목회학」(Von der wahren Seelsorge, 1538)에서 신약성경에 근거하여 직제론을 전개하였다. 부처는 말씀을 설교하는 목사(pastors)

와 교회의 정치와 치리를 맡은 '장로'(eltisten; elders)를 하나로 묶어 '목자'(shepherds)라고 부르고, 또 '장로'를 말씀을 설교하는 장로와 치리만을 담당하는 장로로 구분하였다. 목사와 평신도 대표인 장로로 구성된 '목자들'은 각 구성원이 평등한 권리를 갖는 '연합체'(collegium)로서 직무를 수행했고, 이 위원회의 한 사람이 회장직(office of episcopal director)을 수행했다. 그리고 부처는 교사직에 교회의 교사직뿐만 아니라, 스트라스부르시 학교들의 교사직도 포함시켰다. 처음에 부처는 집사직을 국가뿐만 아니라 교회에도 관련된 봉사직(디아코니아)으로 이해했지만, 그의 생애 말기 영국에서 출판한 작품「그리스도의 나라에 관하여」(De Regno Christi, 1550)에서는 집사직을 순전히 교회의 내적인 봉사직으로 축소시켰다.

    루터, 츠빙글리, 외콜람파디우스, 부처의 직제론은 어떤 측면에서 칼뱅에게 영향을 미쳤는가? 츠빙글리보다 칼뱅은 교회의 정치와 치리기구를 국가의 정치와 치리기구로부터 훨씬 더 독립시키는 방향으로 발전시켰다. 칼뱅은 국가로부터 독립된, 순전한 교회의 정치와 치리를 주장한 외콜람파디우스 쪽으로 점점 더 나아갔다. 외콜람파디우스는 국가로부터 독립된 교회의 고유한 정치와 치리기구 사상을 가지고 있었지만, 바젤시에서 실현하지 못하고 세상을 떠났던 것이다. 마틴 부처는 국가로부터 독립된 교회의 고유한 정치와 치리기구에 대한 외콜람파디우스의 권징과 치리 사상을 물려받았을 뿐만 아니라, 자신이 교회의 네 직분(목사, 교사, 장로, 집사)도 창안하였다. 칼뱅은 마틴 부처의 초청을 받아 1538년부터 1541년까지 스트라스부르에서 부처와 동역을 했다.

다시 말하면 칼뱅은 스트라스부르에 있는 프랑스 이민교회에서 목회하는 동시에 스트라스부르 대학에서 가르치면서, 부처로부터 사상적으로나 신학적으로 지대한 영향을 받았다. 특히 칼뱅은 부처로부터 교회의 네 직분론과 교회에 고유한 정치와 치리 사상을 이어받아 1541년에 다시 제네바에 돌아가서 제네바시와의 끊임없는 갈등 속에 사역을 계속하면서, 명실 공히 개혁·장로교회의 정치와 치리 사상을 발전시키고 확립하였지만, 세상을 떠나기 불과 몇 년 전인 1561년에야 비로소 제네바시로부터 완전히 독립된, 순전한 교회의 고유한 정치와 치리권을 확보할 수 있었던 것이다.

칼뱅의 장로교회의 정치

목적 • 칼뱅의 교회 정치사상을 초기부터(1535년) 말기까지(1561년) 개괄적으로 분석하여 알게 한다.

목표 • 칼뱅의 정치사상을 파악하기 위하여 우리는 그의 초기 작품으로써 「기독교 강요」 초판(1536년 8월), 「제네바 신앙고백」(1536년 11월), 「제네바 교회에서 사용하는 신앙교육 요강 및 신앙고백」(Instruction et Confession de Foy don't on use en l'Eglise de Genéve, 1537)을 선택하고, 그의 중기 작품에 해당하는 「제네바 교회의 요리문답」(Le Catéchisme de L'Eglise de Genéve, 1541/1542)을 분석하고, 그의 대작인 「기독교 강요」 최종판(1559)에 이어, 「제네바 교회의 직제」(1561)를 분석한다.

칼뱅은 1509년 프랑스의 피카디리 지방에 있는 노아용(Noyon)에서 출생하였고 유학시절을 파리와 오를레앙 등지에서 보낸 후, 소르본느 대학의 꼽(Cop) 총장의 연설문(1534)과 연계되면서 조국 프랑스로부터 종교개혁운동 가담자로 지목되어 조국에 머물지 못하고, 제네바에서 극적으로 종교개혁자 파렐을 만나 동역하였다(1536~1538). 그 후 제네바시와의 갈등으로 그곳에서 추방당하여 스트라스부르에서 부처 등과 함께 사역을 하다가(1538~1541), 1541년 다시 제네바에 초청되어 1564년 하나님의 품에 안길 때까지 제네바에서 사역하였다.

삼위일체론 또는 기독론 이단자(異端者)로 화형당한 세르베투스(Michael

Servetus, 1511~1553) 문제를 중심으로 칼뱅 자신은 물론 개혁·장로교회 전통에 대한 날카로운 비판이 제기되곤 한다. 여기서 칼뱅은 눈물 한 방울도 없는 냉혹하고 잔인하고 엄격한 사람으로 비쳐지곤 한다. 그러나 이것은 칼뱅 당시에 일어난 역사적 사실을 정확하게 알지 못하는 무지에서 비롯된 오해에 불과하다. 우리는 일방적으로 칼뱅을 영웅으로 만들려는 위험으로부터도 벗어나야 하지만, 그를 일방적으로 매도하려는 위험으로부터도 벗어나야 한다. 무엇보다도 칼뱅은 공정하게 평가되어야 할 필요성이 있다. 세르베투스 처형문제를 중심으로 칼뱅에 대한 오해를 풀고, 그를 보다 더 공정하게 평가하기 위해서 우리는 다음 몇 가지 사실들을 기억해야 할 것이다.

- 21세기를 살아가는 우리들로서는 이해하기 힘든 일이지만, 16세기 당시 유럽은 자신과 종교적 신념이 다른 자들, 특히 기독교 이단자들을 처형하는 것은 아주 보편적인 관행이었다.
- 각 기독교파들(로마가톨릭교회, 루터파, 재세례파, 개혁파 등)은 다른 교파들 내지 기독교 이단자들을 처형했는데, 로마 가톨릭에 의해서 가장 많은 사람들이 처형당했고 상대적으로 개혁파(칼뱅)에 의해서 가장 적게 처형당했다.
- 세르베투스 처형시 사법권(사형집행권)은 즈네브시 당국에 있었지, 칼뱅에게 있지 않았다.
- 즈네브시는 세르베투스를 사형 집행하기 전에 많은 도시들과 교

회들에게 세르베투스 형 집행에 관한 설문조사를 했는데, 설문에 응한 모든 도시들과 교회들은 만장일치로 그를 사형에 처할 것에 동의하는 회신을 했다.
- 칼뱅은 세르베투스를 찾아가서 잘못된 교리를 취소하고, 올바른 교리를 받아들이라고 목회상담 차원에서 여러 번 권고했다.
- 즈네브시 당국이 세르베투스를 화형에 처하기로 결정하자, 칼뱅은 즈네브시 당국에게 매우 가혹한 화형 대신에 보다 온건한 참수형을 택하도록 권고했다.
- 다른 기독교 종파들을 이단자로 처형한 기독교 종파들(로마가톨릭교회, 루터파, 재세례파)의 후손들은 과거 자신들의 선배들의 역사적인 과오에 대해 역사적으로 사과하지 않았지만, 칼뱅주의자들은 20세기 초 즈네브시의 세르베투스 처형을 유감스럽게 생각하면서 회개의 비석을 세웠다.

이상을 통해서 볼 때, 종교의 자유가 전적으로 보장되는 오늘날의 관점과 기준에서 볼 때는 즈네브시나 칼뱅이 완전히 무죄한 것으로 간주될 수는 없을지라도, 16세기 유럽의 정황으로 미루어 볼 때 세르베투스 문제를 중심으로 즈네브시나 칼뱅은 당대의 어느 도시보다도, 어느 누구보다도, 어느 기독교교파보다도 더 합리적인 절차를 밟았고, 더 책임적으로 행동했다고 볼 수 있다. 더구나 칼뱅주의자들은 그 같은 선배들의 오점조차도 자신의 잘못으로 인정하면서 회개의 비석을 역사적으로 세웠다.

우리는 칼뱅의 장로교회 정치사상을 기술할 때, 그의 특정한 작품이나 특정한 기간만을 취급할 경우 근본적인 문제가 발생하기 때문에, 그의 교회 정치사상을 공정하게 평가하기 위하여 가능한 한 그의 전생애에 나타난 교회 정치사상을 기술해야 하는데, 이를 위하여 단지 편의상의 이유로 그의 대작인 「기독교 강요」 최종판(1559)을 기점으로 삼아 ① 그 이전 시기에 나타난 교회정치 사상 ② 「기독교 강요」 최종판(1559)에 나타난 교회정치 사상 ③ 그 이후에 나타난 교회정치 사상으로 나누어 기술하기로 한다.

「기독교 강요」(1559) 이전에 나타난 장로교회의 정치

칼뱅의 처녀작은 「세네카 관용론」(De Clementia, 1532)이고, 칼뱅이 재세례파가 주장한 비성경적 종말론인 영혼수면설을 반박하기 위해 집필한 「영혼의 잠」(De Psychopannychia, 1534/1536/1542)이 「기독교 강요」 초판(1536)보다 이른 작품이지만, 우리는 우리의 주제에 적합한 칼뱅의 초기 작품으로써 「기독교 강요」 초판(1536년 8월), 「제네바 신앙고백」(1536년 11월), 「제네바 교회에서 사용하는 신앙교육 요강 및 신앙고백」(Instruction et

Confession de Foy don't on use en l' Église de Genéve, 1537)을 선택하고, 그의 중기 작품에 해당하는 「제네바 교회의 요리문답」(Le Catéchisme de L' Église de Genéve, 1541/1542)을 선택하여 집중적으로 분석하기로 한다.

프랑스의 왕 프랑스와 I세에게 보낸 칼뱅의 「헌정사」(1535)

| 개요 • 「헌정사」에서 칼뱅은 계층구조를 형성하고 있는 로마가톨릭교회의 가시적인 교회관에 반대하여 두 가지 표식(말씀선포와 성례전 집행)을 가지고 있는 참된 교회를 강조하고, 국가 자체나 정부의 권위 자체를 부정하는 재세례파에 반대하여 국가나 정부는 하나님께서 세우신 중요한 창조기관임을 강조한다. |

「기독교 강요」 초판을 헌정한 프랑스의 왕 프랑스와 I세(François I)에게 칼뱅은 1535년 8월 23일에 「헌정사」를 썼다. 여기에서 칼뱅이 이해하는 교회의 본질은 로마가톨릭교회가 이해하는 교회의 본질과 극명한 차이를 보여 주고 있다. "우리(칼뱅)의 논쟁은 다음과 같은 점과 관련되어 있습니다. 첫째, 교회의 형태는 항상 드러나 보이고 관찰될 수 있는 것이라고 그들은(로마가톨릭교회) 주장합니다. 둘째, 그들이 이 형태를 로마교회와 그 계급제도와 동일시하고 있습니다. 그 반대로 우리는 교회는 어떤 가시적인 외형이 없이도 존재할 수 있으며, 그 외형은 그들이 바보스럽게 흠모하는 저 외적 장엄함 속에 담길 수 없다고 확신합니다.

오히려 교회는 다른 표지를 가지고 있는데, 교회의 표지는 하나님의 말씀을 순수하게 전파하는 것과 성례를 올바르게 집행하는 것입니다.(pura verbi Dei praedicatione et legitima sacramentorum administratione) 그들은 손가락으로 꼬집어 지적할 수 없으면 격분합니다. …… 그들은 사도적 지위를 가진 로마 교황과 나머지 감독들이 교회를 대표하며 교회로 간주되어야 한다고 말합니다. 그런고로 그들은 오류를 범할 수 없다는 것입니다."[OS I, 31; 참고, 양낙홍 역, 「존 칼빈: 기독교강요(1536년 초판 완역)」(서울: 크리스천다이제스트, 2002), pp. 59~60] 칼뱅은 여기서 로마가톨릭교회의 본질을 이루며, 교황과 감독들을 중심으로 이루어진 계급구조적이며, 계층질서적인 성직 계급제도를 비판하고 있다. 한 걸음 더 나아가서 칼뱅은 교회의 직제나 국가의 제도를 전적으로 무시하여 교회와 사회에 혼란과 무질서를 초래하는 재세례파에 대해서도 비판한다. "사탄은 재세례파들(Catabaptistas)과 괴악한 사람들을 통해서 불일치와 교리적 논쟁을 불러일으킴으로써 진리를 희석시키고 마침내 말살하려 했던 것입니다. 그리하여 이제 사탄은 두 가지 방법으로 진리를 줄기차게 포위하고 있습니다. 인간의 폭력적 수단을 통해서는 참된 씨를 뿌리뽑아버리고, 자기가 할 수 있는 대로 자기의 가시덤불을 가지고 씨를 질식시켜 버림으로써 씨가 자라 열매를 맺지 못하게 하려는 것입니다."(OS I, 33; 참고, 양낙홍 역, op. cit., p. 63)

칼뱅의 「기독교 강요」 초판(1536년 3월)

| 개요 • 「기독교 강요」 초판(1536)에서 중세 로마가톨릭교회의 사역자들의 주된 기능이 희생제사로써의 미사를 집례하는 것이었다면, 칼뱅은 교회 사역자들의 주된 사역이 말씀선포의 사역임을 알 수 있다. 왜냐하면 사도들이 전해준 성례전 집례 사역도 사실상 말씀의 선포 사역에 넣을 수 있기 때문이다. 칼뱅은 만인제사장직에 근거하여 교회 전체와 모든 신자들에게 직분이 주어진다는 일반 교역에 대한 근거를 내세워 로마가톨릭교회의 계층적 성직계급을 비판하면서도, 사도들의 주된 사역인 복음전파와 성례전 집례의 기능이 '장로' 또는 '감독' 또는 '목사'들에게 위임되어 이들이 이 두 가지 사역을 대신 수행해야 한다고 주장함으로써, 교회에서 특별 교역의 필요성도 주장한 셈이 된다. |

칼뱅은 「기독교 강요」 초판(1536)의 여러 곳에서 교회론을 기술한다. 사도신경의 "거룩한 공회와 성도가 서로 교통하는 것"이라는 구절에 대한 해설에서 교회의 본질이 잘 나타나 있는데, 칼뱅은 무엇보다도 교회를 예정론 또는 선택론의 관점에서 교회의 본질을 정의한다. "먼저 우리는 거룩한 공회, 즉 선택받은 자의 전체수(universum electorum numerum)를 믿는다."(OS I, 86; 참고, 양낙홍 역, op. cit., p. 139)

그러면, 어디에 교회가 있는가? 칼뱅은 교회의 표지(ecclesiae notae)를 두 가지로 말한다. "우리가 아직 하나님의 심판에 대해 확실히 알지 못하는 상태에서, 비록 우리가 누가 교회에 속하는 자이며 누가 아닌지 개개인적으로 구별해내도록 허락받지 못했을지라도, 그러나 우리가 볼 때는 하나님의 말씀이 순전히 전파되고 경청되는 곳, 또 그리스도께서 제정하신대로 성례가 시행되는 곳에는 하나님의 교회가 존재한다고 의심치 않고 말할 수 있다(참고, 엡2:20). 이는 '두세 사람이 내 이름으로 모인 곳에는 나도 그들 중에 있느니라'(마18:20)고 하신 약속이 실패할 수 없겠기 때문이다."(OS I, 91; 참고, 양낙홍 역, op. cit., p. 146)

우리는 루터가 교회의 일반 교역과 특별 교역을 주장했을지라도 로마가톨릭교회와는 달리 교회의 직제를 교회의 본질과 결부시키지 않았음을 앞서 이미 확인하였다. 루터처럼 칼뱅도 「기독교 강요」(1536)에서 교회의 직제를 교회의 본질과 연결시켜 이해하지 않고, 로마가톨릭교회의 "V. 거짓 성례"라는 제목 하에 거짓 성례에 대해 비판할 때, 로마가톨릭교회의 직제를 비판하는 동시에 교회의 바람직한 직제를 제시한다. 여기서 개혁·장로교회의 직제에 대한 구체적인 내용은 나오지 않지만, 직제에 대한 중요한 원리, 즉 일반 교역으로서의 만인제사장직, 특별 교역으로서의 교역자와 집사직의 기능 등이 분명하게 나타나고 있다.

거짓 성례로써 "견진성사(堅振聖事)"와 "혼인성사(婚姻聖事)"를 다루는 부분에서는 우리의 주제와 관련된 내용이 거의 없고, "종부성사"를 취급하는 곳에서는 한 곳이 발견된다. 로마가톨릭교회는 야고보서 5장 14절에 나타난 "장로들"(presbyteros)이라는 단어를 "사제들"(sacerdotes)로 해석하여, 사제들은 주교들이(episcopii) 성별한 기름을 임종 직전에 있는 신자들에게 뿌림으로써 그 기름 자체, 즉 성유(聖油)의 능력으로 종부성사를 받는 자가 죄사함을 받거나 병이 치유된다는 것이다. 그러나 칼뱅은 야고보서의 말씀을 다음과 같이 이해한다. "그러나 이는 기름 때문에 죄가 씻긴다는 뜻이 아니라, 고통 중에 있는 형제를 하나님께 위탁하는 신자들의 기도가 헛되지 않을 것이라는 의미이다."(OS I, 205; 참고, 양낙홍 역, op. cit., p. 302)

우리의 주제와 관련된 내용이 많이 나타나는 곳은 로마가톨릭교회의 "고해성사(告解聖事)"(De poenitentia)와 "신품성사(神品聖事)"(De ordinibus ecclesiasticis)에 대한 칼뱅의 비판 부분이다.

로마가톨릭교회의 고해성사와 관련하여, 로마가톨릭교회는 요한복음 20장 22~23절과 마태복음 16장 19절과 18장 19절을 근거로 교회의 "열쇠의 권한"(potestas clavium; the power of the keys)이 사제들에게 있다고 주장한다. "그리스도께서 매이거나 풀리는 사람의 공적에 따라서 사제들이 공정하게 판결을 내린다면, 그 판결은 그의 재판석 앞에서 인정받을 것이라고 약속하셨다고 한다. 이제 그들은 이 열쇠들을 그리스도께서 모든 사제들(sacerdotibus)에게 주셨고, 승진의 때에 주교들(episcopis)이 그들에게 수여하지만, 이것들의 사용 재량권은 교회의 직무를 수행하는 자들에게만 속한다고 하며, 열쇠들은 파문되거나 정직된 성직자에게도 실제로 남아 있지만 녹슬어 쓸 수 없게 되었다고 말한다."(OS I, 181; 참고, 양낙홍 역, op. cit., p. 270) 여기에 반대하여 칼뱅은 마태복음 18장 17절과 18절 두 구절을 주석하면서 교회의 열쇠 권한의 주체는 하나님 자신이시며, 하나님의 법이며, 하나님의 말씀이며, 성령께서 이 열쇠의 심판관이요 관리자이며, 교회 전체에게 주어진 이 열쇠의 권한은 하나님의 말씀과 말씀의 사역자를 통해서 집행된다고 주장한다. "두 절의 말씀에는 항상 똑같이 매고 푸는 권한(즉 하나님의 말씀을 통하여)과, 똑같이 매고 푸는 명령과 약속이 있다. 그러나 이 둘은 다음과 같이 다르다. 앞의 절은 특히 말씀의 사역자들이 수행하는 말씀전파와 관련되어 있고, 뒤의 절은 교회에 위탁된 출교 권징(ad disciplinam excommunicationis)에 적용된다. 그러나 교회는 자신이 파문하는 사람을 맨다. 그렇지만 교회는 그의 생활과 도덕성을 책망하고, 또 그가 회개하지 않는다면 정죄 받을 것이라고 미리 그에게 경고하기 때문에 교회가 그를 영원한 파멸과 절망에 빠뜨리는 것은 아니다. 성찬에 참여시킴으로써 교회는 그를 풀어 주게 된다. …… 그러므로 주께서 아무도 교회의 판결을 완고하게 업신여겨서는 안 되며, 그가 신자들의 투표에 의해 처벌받는 것을 중요하지 않다고 판단해서는 안 되며, 신자들에 의한 그러한 판단은 단지 그에 대한 처벌선언일 뿐이며, 신자들이 땅에서 하는 것이 무엇이든지 하늘에서도 인준된다는 사실을 천명하신 것이다. 왜냐하면 신자들은 빗나간 사람을 처벌할 수 있는 하나님의 말씀을 가지고 있고, 회개한 사람은 은혜의 자리로 이끌 수 있는 말씀을 가지고 있기 때문이다."(OS I, 187; 양낙홍 역, op. cit., pp. 277~278) "마태복음에서도 그리스도께서 자기 교회에게 매고 푸는 직임을 안수하실 때, …… 그것은 그의 말씀의 권위와 교회의 사역에 의해서 완수되어야 하는 것이다."(OS I, 189; 양낙홍, op. cit., p. 281) "우리는 열쇠의 권한이 오직 복음전파이며, 사람들과 관계시킬 때는 그것은 권한이라기보다는 사역이라고 결론짓게 된다. 왜냐하면 그리스도께서 이 권한을 실제로 사람에게 주신 것이 아니라, 자신의 말씀에게 주셨기 때문이다. 그는 이 말씀으로 사람들을 사역자로 만드신 것이다."(OS I 186; 참고, 양낙홍, op. cit., p. 277)

로마가톨릭교회는 죄사함의 문제나 치리(권징)의 문제를 고해성사와 면죄부 판매 등을 통해서 계층구조적 성직제도와 연관시켜 이해하고 있다. 여기에 반대하여, 칼뱅은 만인제사장직에 입각하여 하나님이 가지고 계신 열쇠의 권한이 전체 교회에 위임되었다고 말하면서도 그 열쇠의 권한이 하나님의 말씀을 통해서, 그리고 말씀의 사역자들을 통해서 집행된다고도 말함으로써, 루터처럼 교회의 일반 교역과 특수 교역을 동시에 주장하고 있다.

이제부터 로마가톨릭교회의 서품성사에 대한 칼뱅의 비판내용에서 칼뱅의 직제론을 살펴보자. 로마가톨릭교회는 이사야서 11장 2절에 나타나는 성령의 여섯 가지(지혜와 총명, 모략과 재능, 지식과 여호와 경외) 은혜에 하나를 더 추가하여 일곱 가지 성직계급, 즉 성문을 지키는 수문품(守門品, ostiarii), 성경을 낭독하는 강경품(講經品, lectores), 귀신을 쫓아내는 구마품(驅魔品, exorcistae), 시종하는 시종품(侍從品, acoluthi), 수건을 두르고 제자들의 발을 씻기는 차부제품(次副祭品, subdiaconi), 만찬에서 살과 피를 나누어 주는 부제품(副祭品, diaconi), 희생제사로써 미사를 드리는 사제품(司祭品, sacerdotes)을 제정하였다.(OS I, 206; 양낙홍 역, op. cit., p. 302) 로마가톨릭교회는 교회법에도 없는 비합법적인 직함들, 즉 고위성직자(dignitates), 교구신부(personatus), 성당신부(canonicatus), 성당참사회원(praebendae), 성직론신부(capellantiae), 전속

신부(prioratus), 수도사들(monachatus)이라는 직함들을 가지고 있다고 칼뱅은 말한다.(OS I, 213; 양낙흥 역, op. cit., p. 312)

그러면 로마가톨릭교회가 주장하는 성직 서품의 기원은 어디에 있는가? 로마가톨릭교회는 "그들은 추첨으로, 혹은 주님으로 말미암아 추첨으로 뽑혔기 때문에, 혹은 주님의 추첨 때문에, 혹은 하나님을 분배자로 모시고 있기 때문에 '성직자들'(Clerici)"이라고 주장하지만, 여기에 대하여 칼뱅은 만인제사장직 관점에서 로마가톨릭교회의 성직계급을 비판한다. "온 교회가 가져야 할 이 명칭(hunc titulum, qui totius erat ecclesiae)을 자기들의 것이라고 하는 이들은 신성모독의 죄를 범했다. 그 유산은 그리스도의 것이며, 성부 하나님께서 주신 것이기 때문이다(참조, 벧전5:3). 베드로는 소수의 체발(剃髮)한 사람들을 가리켜(그들이 사악하게 상징하는 것처럼) '성직자들'(clerici)이라고 하는 것이 아니라, 모든 하나님의 백성들을 가리켜 하는 말이다. …… 즉, 정수리가 왕의 위엄을 상징한다고 해서 성직자들은 정수리 부분을 체발한다. 왜냐하면 성직자들은 자신과 다른 사람들을 지배하기 위해서 왕 같이 되어야 했기 때문이다. 베드로는 신자들에 대해 '너희는 택하신 족속이요 왕 같은 제사장들이요 거룩한 나라요 그의 소유된 백성이니'(벧전2:9)라고 말한다. 나는(칼뱅) 여기서 다시 그들이 거짓말한다고 밝힌다. 베드로는 온 교회(totam ecclesiam)에 대해서 말하고 있지만, 이 사람들은 이 말을 소수의 사람들에게 짜맞춘다. 마치 그들에게만 '거룩하라'(벧전1:15~16; 레20:7, 19:2)고 한 것 같이, 그들만이 그리스도의 피로 속량받은 듯이(벧전1:18~19), 또 그들만이 그리스도로 말미암아 나라와 제사장(regnum et sacerdotium)이 된 것 같이(벧전2:5, 9)!"(OS I, 206~207; 양낙홍 역, op. cit., pp. 302~304)

로마가톨릭교회는 "장로들(presbyterii)"과 "사제들(sacerdotii)"의 이름은 같은 것이라고 주장하고, 그들의 임무는 제단 위에 그리스도의 살과 피를 제물로 드리고 기도드리며, 하나님의 선물들에 감사하는 제사장으로서의 직분을 갖는다는 것이다. 서품식에서 그들은 하나님께 속죄제물을 드리는 권한이 있다는 표로써(참조, 레5:8) 성찬용 빵과 함께 성찬배(聖餐杯)와 성찬용 접시를 받는다. 그리고 봉헌할 수 있는 권한을 받았다는 표로써 그들의 손에 기름을 바른다. 이것에 반대하여 칼뱅은 예수 그리스도만이 멜기세덱의 반차를 좇는 제사장이라고 주장한다. "즉 속죄제물을 드리는 사제라고 지칭하는 사람은 모두 그리스도를 해롭게 하고 있는 것이다. 성부 하나님께서는 맹세로써 그리스도를 멜기세덱의 반차를 좇는(히5:6, 6:20, 7:17, 참조, 시110:4) 제사장으로 지명하여 성별하셨으며(히7:20이하), 끝도 없고 상속자도 없게 하셨다(히7:3). 그는 단번에 영원한 속죄와 화목제물을 바치셨으며(히7:27, 8:3), 또한 하늘의 성소에 들어가셔서(히9:24), 우리를 위하여 중보하고 계시다(히7:25). 그리스도 안에서 우리 모두 제사장이다(In ipso omnes sumus sacerdotes)(계1:6, 참조 벧전2:9). 찬양과 감사를 드리는, 즉 우리 자신과 소유를 하나님께 드리는 제사장이다. 하나님의 진노를 풀고 자신을 바쳐 죄를 대속하는 것은 오직 그리스도의 직책이었다. 그러니 그들의 사제직은 불경한 신성모독이 아니고 무엇인가?"(OS I, 209~210; 참고 양낙홍, op. cit., pp. 307~308)

감독들(episcopi) 또는 주교들(bishops)은 열두 사도의 뒤를 승계하여 사도직에 임명되었으며 이들은 사도의 직위와 서열에 속하며, 장로(presbyteros) 또는 사제들(priests)은 70인 전도인의(참고, 눅10:1) 뒤를 승계한 것이라는 로마가톨릭교회의 주장에 반대하여, 칼뱅은 원래 '장로들'(presbytri)과 '주교들'(episcopi) 사이에는 아무런 구별이 없었다고 주장한다. 그러나 열두 사도들과 교회의 교역자들 사이에 차이가 있다. 사도(apostolos)는 새로운 복음을 세상에 널리 전하기 위하여 주님께서 특별히 선택하여 세우신 열두 사람들로서, 제한 없이 여러 지역에 복음을 전파하는 명령을 받았고, 교회의 사역자들로서 "장로들"(presbytri)과 "주교들"(episcopi)은 특정한 지역 교회를 맡았다. 비록 장로들과 주교들의 직분이 사도의 직분과 다를지라도, 장로들과 주교들은 사도들의 기본적인 두 가지 위탁명령, 즉 복음전파와 성례전을 집행하라는 사명을 위임받았다. "여기에는 사도들을 계승하는 자들에게 부여된 거룩하고 침범할 수 없고 영속적인 법이 있으며, 이 법에 의해서 이들은 복음을 전하고 성례를 집행하라는 명령을 받는다. 따라서 복음 전파와 성례 집례에 역점을 두지 않는 저들은 사악하게 사도들로 가장하고 있는 것이다."(OS I, 211; 참고, 양낙홍 역, op. cit., p. 309)

칼뱅은 "장로"(presbyteros, senior), "주교" 또는 "감독"(episcopos) 또는 "목사" 또는 "목자"(pastor)를 서로 구별하지 않고, 이 모두를 "교회의 사역자들"(ecclesiae ministros)로 칭하고 있다. "감독(episcopus)은 말씀과 성례의 사역에 부름받은 사람이며, 신실한 믿음으로 자신의 직분을 감당해야 하는 사람이다. 나는(칼뱅) 주교 또는 감독(Episcopos)과 장로(presbyteros)를 별도로 구별하지 않고, '교회의 사역자들'(ecclesiae ministros)이라고 부른다."(OS I, 212; 참고, 양낙흥 역, op. cit., p. 311) 로마가톨릭교회의 사역자들이 제물 봉헌자 (sacrificulos)에 해당한다면, 칼뱅 자신이 이해한 교회의 사역자들은 "말씀 사역자"에 해당된다. "그들이 교회의 사역을 말씀의 사역과 다르다고 생각하는가? 그들이 보잘것없는 자기들의 제물 봉헌자(sacroficulos)를 교회의 사역자라고 하면서 얼마나 불러댔는지 내가(칼뱅) 안다. 그러나 정신병자라도 이 말을 믿지 않는다. 사실은 성경의 진리가 저들을 굴복시킨다. 성경은 하나님의 말씀의 선포자 외에는 다른 사역자가 없다고 한다. 그는 교회를 지도하도록 부름받았으며, 때로는 '감독'(episcopum)(god2:28), 때로는 '장로'(presbyterum)(god14:23), 또 간혹 '목사' 또는 '목자' (pastorem)(벧전5:4)로 불린다."(OS312; 양낙흥 역, op. cit., p. 312)

여기서 우리는 중세 로마가톨릭교회 사역자들의 주된 기능이 희생제사로써의 미사를 집례 하는 것이었다면, 루터와 칼뱅을 포함하여 모든 종교개혁자들은 교회 사역자들의 주된 사역이 말씀선포의 사역임을 알 수 있다. 왜냐하면 사도들이 전해준 성례전 집례 사역도 사실상 말씀의 선포 사역에 넣을 수 있기 때문이다.

루터처럼 칼뱅도 만인제사장직에 근거하여 교회 전체와 모든 신자들에게 직분이 주어진다는 일반 교역에 대한 근거를 내세워 로마가톨릭교회의 계층적 성직계급을 비판하면서도, 사도들의 주된 사역인 복음전파와 성례전 집례의 기능이 '장로' 또는 '감독' 또는 '목사'들에게 위임되어 이들이 이 두 가지 사역을 대신 수행해야 한다고 주장함으로 써, 교회에서 특별 교역의 필요성도 주장한 셈이 된다.

칼뱅은 교회 사역자들의 안수식과 관련하여 디모데전서 4장 14절에 나타나는 '장로의 회'를 '사역자들의 회합'으로도 이해하고 있다. "안수식은 사도들이 항상 어떤 사람에게 교회에게 사역을 맡길 때 시행했던 것이 분명하다. 이런 식으로 바울은 디모데가 감독으로(in episcopatum) 장립받을 때, 장로의 회(presbytrium)가 그에게 한 안수를 '안수식'이라고 칭했던 것이다(딤전4:14). 나는 이 구절에 있는 '장로의 회'를 어떤 사람들이 장로들의 회합(coetu seniorum)이라는 의미로 해석한다는 것을 알고 있지만, 또한 그것을 더욱 단순하게 사역자들(de ministerio)의 회합으로 이해할 수 있다고 본다."(OS I, 217; 양낙홍 역, op. cit., p. 317)

어원적으로 볼 때, 로마가톨릭교회가 이해하고 있는 부제품(副祭品, diaconi)이나 칼뱅이 이해하고 있는 집사(diaconus)나 집사직(diaconatus)은 같지만, 그 의미와 기능은 전적으로 다르다. "그들이(로마가톨릭교회) 말하는 부제의 직책(diaconos)이란 '사제들(sacerdotibus)을 도우며, 성례 때에 필요한 모든 일 즉, 세례와 성유와 성반과 성배의 일을 집행하며, 예물을 가져다가 성단에 놓으며, 성찬상을 준비해서 덮으며, 십자가를 들고 신자들에게 복음서와 서신서들을 읽어 들려주는 일을 하는 것'이라고 한다. 여기에 집사의 참된 사역에 대한 말이 한 마디라도 있는가?"(OS I, 219; 양낙홍, op. cit., p. 319) 칼뱅은 신약성경, 특히 사도행전 6장과 디모데전서 3장을 중심으로 집사의 참된 의미와 기능과 자격에 대해서 논의한다. "이

것이 가난한 자들을 돌아보고 그들의 구제를 관리하는 집사의 직임이며 이로부터 집사직의 명칭이 생겼다."(OS I, 219; 참고, 양낙흥, op. cit., p. 319)

「제네바 신앙고백」(1536년 11월)

| 개요 • 여기서 하나님의 말씀 사역자들이 수행해야 할 두 가지 중요한 사역, 즉 하나님의 말씀을 통한 하나님의 백성(교회)에 대한 양육권과 지도권이 주로 언급되어 있고, 치리와 관련된 직제에 대한 언급은 보이지 않는다. 여기서는 오늘날 목사들에 해당되는 목회자들을 "목사들"(pasteurs) 또는 "사역자들"(ministres) 또는 "전령"(messagiers) 또는 "대사들"(ambassadeurs)로 칭하고 있다. |

프랑스의 왕 프랑스와 I세와 독일 황제 칼 5세의 전쟁으로, 칼뱅은 우회도로를 선택하여 1536년 7월에 제네바의 어느 숙소에 머물러 있었는데 종교개혁자 파렐이 그를 찾아가 제네바 종교개혁 운동에 동참해 줄 것을 협박조로 설득하여 가까스로 그의 동의를 얻어낸 사건은 너무나도 유명하다. "내(칼뱅)가 이제 은거하려고 했던 스트라스부르에 가는 최단 지름길이 전쟁으로 말미암아 폐쇄되었기 때문에 나는 이 제네바에서 하루 이상을 머물지 않고 빨리 그곳을 지나가려고 했다. …… 그(파렐)는 이렇게 큰 도움이 절실히 필요할 때에 내가 돕기를 거절한다면 하나님께서 나의 휴가와 평안을 저주할 것이라는 저주의 말까지 했다. 이 말에 너무나도 놀라고 두려움에 사로잡혀 나는 계속하던 여행을

포기하고 말았다."(CO 31, 26) 제네바시의회가 1536년 5월에 투표로 "하나님의 이 거룩한 복음적 법도와 말씀을 따라 살아야 한다."는 내용을 결의함으로써 제네바의 종교개혁이 시의회에 의하여 공식화되었고, 칼뱅을 통해서 작성한 「제네바 신앙고백」(Confession de la Foy laquelle tous bourgeois et habitans de Genéve et subiects de pays boibvent iurer de garder et tenir extraicte de l'instruction dont on use en l'eglise de la dicte ville)[CR 9, 693~700=OS I, 418~426; A.C. Cochrane(Ed.), *Reformed Confessions of the Sixteenth Century*(Louisville·London:Westminster John Knox Press, 2003), pp. 117~126; LCC, Vol. XXII, pp. 26~33]이 파렐과 칼뱅에 의하여 1536년 11월 10일에 시의회에 제출되어, 채택되었다.

이 신앙고백문은 "제1항 하나님의 말씀(La parolle Dieu)"으로 시작하여 "제21항 행정관(Magistratz)"의 내용으로 마치는 비교적 짧은 신앙고백이다. 우리 주제와 관련하여 "제18항 교회(Eglise)", "제19항 출교(Excommincation)", "말씀의 사역자들"(Ministres de la Parolle)"의 내용을 분석해 보기로 하자. 제18항은 교회의 표지를 긍정적으로 기술하는 동시에 교황제도에 의해 다스려지는 로마가톨릭교회에 반대하여 변증적으로, 비판적으로 기술하고 있다. "우리는 예수 그리스도의 교회를 올바르게 식별하는 올바른 표지(la droite marque)는 그리스도의 거룩한 복음이 순수하게 그리고 신실하게 설교되고, 들려지고, 지켜지며, 그의 성례가 정당하게 시행되는 것이라고 믿는다. …… 다른 한 편으로 복음이 선포되지 않고, 들려지지 않고, 받아들여지지 않는 그곳에서 우리는 교회의 형태(forme)를 인식하지 않는다. 그러므로 교황의 제도들에 의해서 통치되는 교회들은 기독교적 교회들이라기보다는 차라리 마귀의 회당들이다."(OS I, 424) 칼뱅은 "출교의 치리"(la discipline de excommunication)를 주님에 의해서 제정된 "하나님의 질서/제도"(l'ordonnance de Dieu)로 이해하여, "신자들의 교제"(la communion des fideles) 속에서 출교의 필요성과 대상 등에 대해 논의하면서도, 직제와 관련하여 누가 어떤 방법으로 출교를 시행해야하는지는 언급하지 않고 있다.

"20항 말씀의 사역자들"의 항목에는 말씀의 사역자들이 수행해야 할 두 가지 중요한 사역, 하나님의 말씀을 통한 하나님의 백성 즉 교회에 대한 양육권과 지도권이 주로 언급되어 있고, 치리와 관련된 직제에 대한 언급은 보이지 않는다. 여기서는 오늘날 목사들에 해당되는 목회자들을 "목사들"(pasteurs) 또는 "사역자들"(ministres) 또는 "전령"(messagiers) 또는 "대사들"(ambassadeurs)로 칭하고 있다. "우리는 교회 안에서 인정하는 목사들(pasteurs)은, 한 편으로 교훈과 권면과 위로와 권고와 간청으로 예수 그리스도의 양떼를 양육하며, 다른 한 편으로 성경의 순전한 교리들을 자신들의 꿈이나 어리석은 상상들과 혼합시키지 않으면서 모든 거짓 교리와 마귀의 속임수들에 저항하는 하나님의 말씀의 신실한 목사들일 뿐이다. 우리는 동일한 하나님의 말씀에 의하여 위임된 하나님의 백성을 지도하고, 다스리고, 통치하는 권한 또는 권위만이 그들에게 있다는 사실에 동의한다. …… 우리는 하나님의 말씀의 참된 사역자들을 하나님의 전령과 대사로 받아들이기 때문에, 하나님 자신처럼 그들을 청종하는 것이 필요하며, 우리는 그들의 사역이 교회에서 필요한 하나님으로부터 온 위임이라는 사실을 견지한다."(OS I, 425)

「1537년 제네바의 교회 조직과 예배에 관한 조항들」(1537년 1월)

| 개요 • 칼뱅은 이 문서에서 평신도(신자들) 중에서 치리에 참여할 자를 선발하고, 평신도도 참여하는 감독단을 조직하여 그들이 관리하고, 문제 해결이 안 될 때는 지정 목사에게 보고하고, 다시 문제해결이 안 될시에는 시의회에 보고하고, 시의회가 출교 등의 최종 조치를 취하라고 주장하고 있다. |

제네바 종교개혁을 위하여 칼뱅을 비롯한 목회자들이 1537년 1월 16일에 「제네바의 교회 조직과 예배에 관한 조항들」(Articles concernant l'organisation de l'Église et du culte á Genéve, proposes au conseil par les ministres, Le 16. Janvier 1537)(LCC XXII, 48~55;OS I, 369~377)을 제네바 소위원회와 200인 위원회에 제출하였다. 매 주일 성만찬 예배, 권징 시행과 이를 위한 위원회 조직, 제네바시민과 공직자가 이 문서를 수용할 것, 결혼위원회 설립 등이 담겨 있다.

우리 주제와 관련하여 이 문서가 중요한 이유는, 이 문서가 비록 평신도에 대한 구체적인 직제에 대해 논의하지는 않을지라도, 교회의 평신도가 원칙적으로 교회의 권징과 치리에 참여해야 하며, 그 참여를 위한 절차에 대하여 언급하고 있다는 사실이다. 칼뱅은 교회 안에서 권징의 근거를 주석학적으로 예수 그리스도의 말씀과 바울 서신으로부터 가져온다. "이 같은 교정의 방법은 마태복음 18장에서 주의 교회를 위하여 우리 주님에 의하여 명령되었다. 주님께서 우리에게 주셨던 명령을 무시하지 않기 위하여 그때 우리는 그것을 사용해야만 한다. 자신들을 그리스도인들이라고 자칭하면서도 악명 높게 음란하고, 탐욕스럽고, 우상숭배하고, 험담하거나 술에 취하고, 절도하는 사람들과 교제하는 것을 우리가 금해야 한다는 사실에 대한 엄숙한 경고와 함께 바울 서신인 디모데전서 1장과 고린도전서 5장에서 치리에 대한 예가 발견된다."(OS I, 372)

칼뱅은 이 문서에서 평신도(신자) 중에서 치리에 참여할 자를 선발하고, 평신도도 참여하는 감독단을 조직하여 그들이 관리하고, 문제 해결이 안 될 때는 지정 목사에게 보고하고, 다시 문제해결이 안 될 때에는 시의회에 보고하고, 시의회가 출교 등의 최종 조치를 취하라고 주장하고 있다. "그리고 이것을 수행하기 위하여 우리는 끝까지 인내하고 쉽사리 부패하지 않는 모든 신자들(tous les fideles) 중에서 선한 삶과 선한 증거가 확실한 사람들을 기꺼이 지명하고 선택하여 주실 것을 당신에게 (시 당국) 진심으로 요구하오니, 시 당국은 이들을 (제네바)시의 모든 행정구역에 분산시켜 각 지역의 신자들의 삶을 감독하고 다스리도록 해야 하며, 만일 그들이 어떤 신자에게 눈에 띄는 악행이 있다는 사실을 발견하면 그가 누구든지 간에 그에게 충고하고 교정할 것을 형제애로

(fraternellement) 권고해야 합니다. 만약 이러한 충고가 아무 결과를 가져오지 못할 경우, 그에게 그의 옹고집이 교회(lesglise)에 보고될 것이라는 사실을 알려주어야 합니다. 당연히 그가 그의 잘못을 뉘우치면 이 권징(discipline)의 유익이 얼마나 큰 것인지 보십시오. 그러나 그가 그것에 아랑곳하지 않을 경우, 이 사건을 책임 맡은 사람(평신도)에 의해 지명받은 목회자(le ministre)는 이 사람에게 현재까지 어떤 조치를 취했으며, 이 같은 조치에도 불구하고 그에게 개선의 여지가 전혀 보이지 않는다는 사실을 (제네바시의) 의원총회(la lassemblee)에 공식적으로 공포해야 할 시간이 오게 될 것입니다. 그리고 그 후에 그가 계속적으로 그의 마음속에 완악함을 유지하고 있는지를 알아보고 계속 그렇게 할 경우, 출교의 시간이 올 것입니다. 다시 말하면 그는 그리스도인들의 공동체(la compagnie des crestiens)로부터 출교된 것으로 간주되어야 하고, 그가 회개와 교정의 선한 모양을 보일 때까지 그의 일시적인 혼란을 위하여 악마의 힘에 맡겨야 합니다. 그래서 그는 이것에 대한 증거로 수찬(la communion de la Cene) 정지를 당해야 하고, 다른 신자들(autres fidelles)에게는 이 사람과 가족처럼(familierement) 지내지 말 것을 공표해야 합니다. 그러나 구세주께서 기꺼이 그의 마음을 만지시고 그를 선한 길로 옮겨 놓으실 것인지가 증명되기 위해서, 그는 항상 교리를 얻기 위하여 설교를 들으러 오는 것을 빠뜨려서는 안 됩니다."(OS I, 373)

「교회법안」(1541년 9월)

| 개요 • 이 법안은 교회의 직제, 성례, 결혼, 장례, 심방, 어린이와 시민이 준수해야 할 사항, 행정관의 맹세 등에 대해 규정하고 있으나, 우리 주제와 관련하여 이 문서의 앞부분에 기술되어 있는 교회의 4중직(목사, 교사, 장로, 집사)이 매우 중요하다. 이 문서는 다음과 같이 시작한다. "주님의 교회의 통치를 위하여 우리 주님에 의해서 제정된 네 가지 질서들이 있다. 첫째는 목사(pastors)요, 그 다음에는 교사(doctors)요, 그 다음에는 장로(elders)요, 그리고 네 번째로는 집사(deacons)이다." |

성찬의식 등의 문제로 제네바시의회와의 갈등 끝에 칼뱅은 동역자 파렐(G. Farel)과 비레(P. Viret)와 함께 1538년 4월 23일에 제네바시로부터 추방되었다. 평소에 폭음, 폭식, 방종, 심지어 음행까지 하다가 주일에 집례되는 성찬식에 참여하고자 하는 사람들에게 칼뱅과 파렐은 수찬 정지 명령을 내려줄 것을 시의회에 요구했으나 시정되지 않자, 칼뱅과 파렐은 성찬 집례를 거부했다. 하나님의 말씀대로 교회를 목회하다가 핍박을 받아 쫓겨나는 가운데서도 칼뱅과 파렐은 하나님의 섭리를 인정하면서 안타까운 마음으로 르몽(Leman) 호수를 바라보면서 제네바를 떠나야만 했다. 제네바시로부터 추방당한 칼뱅은 마틴 부처 등의 요청으로 스트라스부르에 1538년 9월 5일에 도착하여 만 3년 사역을 한 후에 제네바시의 요청으로 다시 1541년 9월 13일에 제네바로 돌아왔다.

스트라스부르에서 제네바로 다시 돌아온 칼뱅은 제네바의 종교개혁 운동에 박차를 가하였다. 칼뱅은 스트라스부르의 목회사역과 교수사역을 통해서 많은 경험과 변화를 겪었는데, 특히 직제론을 중심으로 마틴 부처와 외콜람파디우스의 영향을 크게 받았다. 칼뱅이 제네바시로부터 제네바에 다시 돌아와 종교개혁을 해달라는 부탁을 받았을 때, 그는 그의 교회법령을 통과시켜준다는 조건으로 제네바에 다시 오게 된 것이다. 이같이 칼뱅에게는 교회법이 너무나도 중요한 것이었다. 칼뱅과 그의 제네바 동료목회자 4명 및 6명의 위원들로 이루어진 자문위원회는 「교회법안」(Projet d'ordonnances ecclésiastiques; Draft Ecclesiastical Ordinances)(LCC XXII, pp. 36~72; CR 10a, 15~38; OS II, 328~361)을 1541년 9월 13일에 시의회에 제출하고, 수정과 검토를 마친 후에 1541년 9월 16일에 소위원회, 200인 위원회 및 의원총회에 제출하여 재검토를 받았고, 마지막으로 1541년 10월 9일에 전적으로 통과되었다.

이 법안은 교회의 직제, 성례, 결혼, 장례, 심방, 어린이와 시민이 준수해야 할 사항, 행정관의 맹세 등에 대해 규정하고 있으나, 우리의 주제와 관련하여 이 문서의 앞부분에 기술되어 있는 교회의 4중직(목사, 교사, 장로, 집사)이 매우 중요하다.

이 문서는 다음과 같이 시작한다. "주님의 교회의 통치를 위하여 우리 주님에 의해서 제정된 네 가지 질서들이 있다. 첫째는 목사(pastors)요, 그 다음에는 교사(doctors)요, 그 다음에는 장로(elders)요, 그리고 네 번째로는 집사(deacons)이다."(LCC XXII, 58) 지금까지 우리는 원리적으로 칼뱅이 만인제사장직에 입각한 일반 교역과 말씀 사역을 주로 하는 사역자들의 특수 교역을 살펴보았고, 원칙적으로 신자들(평신도)이 치리와 권징에 참여할 수 있는 길을 제네바시에 제시한 바 있음을 살펴보았다. 그런데 본 문서는 너무나도 극명하게 마틴 부처가 주장했던 교회의 4중직에 대해서 언급하고 있다.

칼뱅은 목사를 다음과 같이 정의한다. "성경 역시 가끔 장로들(elders)과 사역자들(ministers)로 칭하는 목사들(pastors)의 직무(office)는 하나님의 말씀을 선포하는 것과, 공적으로 그리고 사적으로 교훈하고, 훈계하고, 권면하고, 책망하는 것과, 성례를 시행하고, 장로들(elders)과 동료들(colleagues)과 함께 형제와 같이 교정의 시행으로 부름받는 것이다."(LCC XXII, 58) 여기서 목사의 직무는 주로 세 가지인데, 하나님 말씀 선포, 성례 집례, 치리 또는 교정 시행이다. 칼뱅은 목사의 임명과 임직 과정에서 목사와 시의회와 개교회를 상호 연루시키고 있다. 칼뱅은 초대교회와 성경의 교훈에 따라 다음과 같은 목사 임직 절차를 밟기를 원한다. "먼저 사역자들(ministers)은 목사직을 받아야 할 사람을 선출하여 시의회에 보내고, 만약 이 사람이 받을만한 가치가 발견되면 시의회는 그를 받아들이고 허락하여, 그가 신자들의 공동체의 동의(common consent)에 의하여 받아들여지도록 하기 위하여, 시의회는 그에게 설교증을 교부하고 회중(people) 앞에서 최종적으로 설교하게 한다. 만약 그가 가치가 없는 사람으로 일정기간의 견습을 통해서 밝혀지면 다른 사람을 선택하기 위하여 새로운 선출 절차를 밟을 필요가 있다."(LCC XXII, p. 59) 선출되고 임직된 목사는 "목사들의 모임"에 의해서 감독된다. 목사들의 모임은 협의체적 감독체제이며, 중세의 교황 감독체제와는 너무나도 거리가 멀다. 만약 "목사들의 모임"이 어떤 문제를 해결하지 못할 경우, "장로들"(elders)의 협조를 요청할 수 있고 시의회에 맡길 수도 있다. "모든 사역자들(all the ministers)은 자신들 가운데서 교리의 순수성과 일치를 보존하기 위해 매주 어느 하루에 함께 만나 성경에 관한 토론을 하는 것이 편리하다. 어떤 사람도 합법적 핑계 없이 이로부터 면제될 수가 없다. 만약 어떤 사람이 부주의할 경우, 그에게 경고가 주어진다. 만약 교리의 차이가 있을 경우, 사역자들(ministers)로 하여금 그 문제를 함께 토론하기 위해 오게 하고, 그 후에 필요할 경우 논쟁을 구성하는 데 도움을 주기 위하여 사역자들로 하여금 장로들(elders)을 부르게 하고, 최종적으로 만약 당파들 중에 한 쪽의 완고성 때문에 우호적으로 일치에 도달할 수 없을 경우, 결정에 도움이 되도록 행정관(the magistrate)에게 그 문제를 회부하도록 한다."(LCC XXII, 60)

교사(doctor)직과 관련하여 "교사들(doctors)의 고유한 직(office)은 복음의 순수성이 무지나 악한 의견들에 의해서 부패되지 않도록 하기 위해 참된 교리 속으로 신자들을 교육하는 것이다."(LCC XXII, 62) 교사들은 학교기관(the order of the schools)에서 신학과 성경을 가르치고 언어와 인문학 등을 가르친다. 특이한 사항은 교회의 직제가 교육기관과 직접적으로 연결되어 있다는 사실이다.

장로(elders)와 관련하여, "장로들의 직(office)은 각 신자의 삶을 감독하고 그들이 보기에 잘못을 하고 있거나 무질서한 생활을 하고 있는 사람들을 사랑으로 훈계하고, 자신들 그리고 다른 사람들과 함께(themselves and along with others) 형제애적 교정자로 부름받는다."(LCC XXII, 63) 여기서 "자신들"이 치리에 참여하는 평신도 장로들을 가리킨다면 "다른 사람들"은 말씀 선포와 성례 집례와 함께 치리에도 동참하는 "목사들"을 가리킨다고 볼 수 있을 것이다. 장로선출과 관련하여 장로에 선출될 사람은 하나님을 두려워하고, 영적 분별력이 있고, 품행이 방정하고, 평판이 좋은 평신도로서 소의회로부터 2명, 60인회로부터 4명, 200인회로부터 6명이 선출되어 제네바시의 행정 구역마다 고르게 배치되어야 한다.

우리가 앞에서 살펴보았다시피 목사 선출에는 목사가 주도권을 갖고 있었는데, 장로의 선출에는 시의회가 주도권을 가지고 있으며, 장로의 후보는 모범 평신도 출신의 시의원이라는 사실이다. 칼뱅은 또한 장로의 임기와 관련하여 장로직을 종신직으로는 생각하지 않고 있다. "연말이 되면 장로들의 명단은 시 당국에 제출되어야 한다. 시의회가 이들의 연임 문제를 결정한다. 하지만 이들이 자신의 의무를 신실하게 수행하는 동안 그렇게 자주 교체될 필요는 없다."(LCC XXII, 64)

집사직과 관련하여 칼뱅은 초대교회와 성경주석에 근거하여 집사는 크게 두 가지 일, 즉 환자나 노약자를 간호적으로 돌보는 일과 가난한 자를 재정적으로 돕는 일이다. "제네바의 시립병원이 잘 운영되도록 하며, 몸이 아픈 환자뿐만 아니라 노동을 할 수 없는 노인, 과부된 여성들, 고아들, 기타 불쌍한 사람들을 위해 일하는 것이 이들의 의무다. 더구나 제네바시 전체에 흩어져 있는 가난한 사람들에 대한 돌봄이 다시 있어야 하는데, 재무 관리자가 이 일도 맡아 해도 좋을 것이다."(LCC XXII, 65) 칼뱅이 주장한 집사직은 교회가 교회 안과 밖에서 수행해야 할 이웃 사랑의 실천, 즉 '디아코니아'와 직접적으로 연관된다고 볼 수 있다. 집사의 선출은 장로의 선출에 준하며, 규칙은 바울서신의 디모데전서 3장과 디도서 1장이 적용된다.

「제네바 교회에서 사용하는 신앙교육 요강 및 신앙고백」(1537)과 「제네바 교회의 요리문답」(1541/1542)

| 개요 • 앞의 문서에서는 교회의 두 가지 표식과 관련해서 목사의 주된 세 가지 사역 즉 말씀선포, 성례 집례, 치리시행이 언급되고, 뒤의 문서들에서는 교회의 제도 또는 질서로써의 목사직이 강조되어 있고, 목사직의 가장 중요한 기능은 하나님의 말씀 사역임이 확인된다. **|**

1537년 1월 16일에 제출된 「제네바 교회에서 사용하는 신앙교육 요강 및 신앙고백」(1537)(Instruction et Confession de Foy dont on use en l' Église de Genéve) (CR XXII, 25~74; OS I, 378~417)은 제네바 소위원회로부터 인준을 받은 후 1537년 2월부터 인쇄되어 시중에 유포되기 시작했다. 본서는 십계명, 사도신경, 주기도문 해설, 성례 및 교회와 국가의 질서에 대한 내용을 담고 있다. 이 작품의 원문은 라틴어로 쓰였을 것이지만, 1537년 초판은 불어로 되어 있고, 1538년에 라틴어판이 나왔다.(CO V, 313~362; OS I, 426~432)

우리 주제와 관련된 교역자와 치리에 관한 내용이 "교회와 국가의 질서" 항목에서 나타난다. 칼뱅은 교회의 두 가지 표지와 관련해서 목사의 주된 세 가지 사역 즉 말씀선포, 성례 집례, 치리시행을 언급한다. "주님께서는 당신의 말씀과 성례들이 인간들의 봉사를 통해 우리에게 시연되기를 원하셨기 때문에, 공적으로나 사적으로 백성에게 순수한 교리를 가르치고 성례들을 거행하며 좋은 모범을 통해 사람들을 거룩하고 순수한 삶으로 훈련시키기 위해 임직된 목사들이 교회 안에 반드시 있어야만 한다. …… 목사들의 목회직이 이론의 여지가 없는 확고부동한 직책이 되도록 목사들에게는 매기도 하고 풀기도 할 수 있는 권한(commandement notable)이 부여되었다."[한인수 역, 「칼뱅의 요리문답」,(서울: 도서출판 경건, 1995), 90] 여기서 칼뱅은 말씀의 사역자(ministre de la parole)로서의 목사와 말씀의 전달자(dispensateurs)로서의 목사를 강조한다. "출교란 명백한 방탕자, 간통자, 강도, 살인자, 수전노, 부정한 자, 싸움꾼, 폭음폭식가, 술주정뱅이, 폭도 그리고 낭비자들이 권고를 받고도 교정되지 않을 경우 하나님의 계명에 따라 성도의 공동체로부터 추방되는 것을 말한다."(한인수 역, op. cit., 94) 칼뱅은 교회가 출교를 시행하며 성도들은 하나님의 말씀을 소유하고 있기 때문에 하나님의 말씀을 통해서 타락한 자들을 정죄할 수 있다고 말함으로써, 출교권이 교회 전체에 위임되었다는 사실을 강조하고 하나님의 말씀에 근거한 출교를 강조하는 셈이 된다. 그러나 칼뱅은 출교가 구체적으로 어떤 절차를 거쳐서 시행되어야 하는지는 언급하지 않고 있다.

「제네바교회의 요리문답」(Le Catéchisme de L'Église de Genéve, 1541/1542: CO VI, 1~134)은 사도신경, 십계명, 주기도문 해설 및 성례에 대한 내용을 담고 있다. 우리 주제와 관련하여 「제네바교회의 요리문답」은 교회에서 목사의 절대적 필요성을 언급한다. "예수 그리스도께서 당신의 교회 안에 이 질서를 세워 놓으신 것은(엡4:11) 두세 사람을 위한 것이 아니라 일반적으로 모든 사람을 위한 것이기 때문입니다. 게다가 그리스도께서는 이것만이 교회를 교화하고 양육하는 유일한 수단이라고 선언하셨습니다. 그러므로 우리 모두는 이 질서를 고수해야 합니다. …… 목사들이 꼭 있어야만 합니까? 그렇습니다. 우리는 그들의 말을 경청해야 하며, 그들의 입을 통해 흘러나오는 주님의 가르침을 겸손히 받아들여야만 합니다."(한인수 역, op. cit., 197) 여기서 교회의 제도 또는 질서로써의 목사직이 강조되어 있고, 목사직의 가장 중요한 기능은 하나님의 말씀 사역임이 확인된다.

「기독교 강요」(1559)에 나타난
교회의 직분과 권위

| 개요 • 칼뱅이 이해한 교회의 네 직분과 기능을 요약하면 다음과 같다. 목사는 말씀선포와 성례전 집례와 치리 시행을 담당하고, 교사는 성경해석의 일을 맡고, 장로는 다스리는 자로서 목사와 함께 치리를 담당한다. 집사에는 두 종류가 있는데, 구제 사업을 담당하는 집사와 빈민과 병자를 돌보는 집사가 있다. 권징의 단계는 다음과 같이 이루어진다. 목사와 장로는 먼저 사적(私的) 충고의 기회를 만들고, 이 충고가 거부되거나, 죄악에 대한 시정이 이루어지지 않을 때, 증인들 앞에서 충고하고 그 후에 교회재판소 즉 장로의 회에 소환하여 엄중히 충고하고, 여기에도 순종하지 않고 악한 일을 계속한다면 그리스도의 명령에 따라(마18:15, 17) 신자들의 교제로부터 제거해야 한다. 비밀한 죄를 시정할 때는 그리스도께서 정하신 절차를 밟아야 하며(마18:15), 드러난 죄에 대해서는 교회가 공적으로 책망해야 한다. 경한 죄와 중한 죄는 구별되어야 하며 중한 죄를 시정하기 위해서는 충고나 견책뿐만 아니라 더 엄격한 대책을 실시해야 한다. |

● **교회의 직분**

칼뱅은 교회의 직분을 하나님께서 제정하신 수단으로 이해한다. "하나님께서는 아무 도움이나 도구가 없이도 사역을 친히 하시거나 천사들을 시켜서 하실 수 있었으나, 여러 가지 이유로 사람을 수단으로 삼아 일하시는 편을 택하셨다."[35] 칼뱅은 에베소서 4장 11절에 대한 성경주석을 근거로 특정한 시대의 필요로 존재했던 교회의 '임시직'(extraordinary office; temporary office)으로서 사도, 선지자, 복음전도자를 언급하고, '일상직' 또는 '영구직'(ordinary office; permanent office)으로서 목사와 교사를 언급한다. "그리스도께서 제정하신 대로 교회정치를 주관하는 사람들을 바울은 다음과 같이 부른다. 첫째는 사도들이요, 다음은 선지자들이요, 셋째는 복음전도자들이요, 넷째는 목사들이요, 마지막으로는 교사들이다.(엡4:11) 이들 중에 끝에 있는 두 가지 직분만이 교회 안의 일상직이다. 주님께서 그의 나라의 초창기에 처음의 세 직분을 세우셨고, 필요할 때마다 그 직분들을 지금 다시 부활시키신다."[36]

스트라스부르에서 1538년부터 1541년에 함께 동역했던 종교개혁자 마틴 부처가 창안한 목사, 교사, 장로, 집사를 포함하는 교회의 네 가지 직분을 칼뱅은 그대로 받아들여 제네바에 돌아오자마자 1541년에 작성한 「제네바 교회법안」(Projet d'ordonnances ecclésiastiques)에 다음과 같이 반영했음을 이미 앞에서 언급했다. "주님의 교회의 통치를 위하여 우리 주님에 의해서 제정된 직분에는 네 가지 질서가 있다. 첫째는 목사들이요, 다음은 교사들이요, 그 다음은 장로들이요, 마지막은 집사들이다. 만약 질서가 잘 잡혀서 유지된 교회를 가지기를 우리가 원한다면, 우리는 이 같은 통치형태를 보존해야 한다."[37]

칼뱅에 의하면 사도직의 목적은 온 천하에 복음전파와 성례전 집행을 통해 교회를 세우고 하나님의 나라를 구현하는 것이다. "사도들이 하는 일의 성격은 '온 천하에 다니며 만민에게 복음을 전파하라.'(막16:15)고 하신 명령에 분명하게 나타난다. 사도들에게는 아무 제한도 하시지 않고 전 세계를 그리스도에게 복종시키라고 하셨는데, 이는 각 민족 사이에 어디서든지 할 수 있는 대로 복음을 전파함으로써 그리스도의 나라를 세우도록 하시기 위한 것이다. …… 사도들이 파견된 목적은 반역하는 세상을 돌이켜 하나님께 올바로 돌아오도록 만들며, 복음을 전해서 세계 각지에 하나님의 나라를 세우는 것이었다. 사도는 교회의 건축자로서 온 세계에 그 기초를 닦아 두는 직이라고 말할 수도 있다."[38] 또한 칼뱅은 사도직의 기능으로써 성례 집례를 추가한다. "주께서 사도들을 파송하셨을 때 …… 복음을 전파하며, 믿는 자에게 세례를 주어 죄 사함을 얻게 하라고 명령하셨다(마28:19). 그러나 주께서는 이미 사도들에게 자기를 본받아 그의 몸과 피의 거룩한 상징인 떡과 잔을 분배하라고 명령하셨다(눅22:19~20). 여기서 사도의 자리에 앉은 사람들에게 신성불가침의 영원한 법이 부과되었고, 이 법에 의해 그들은 복음을 선포하며 성례를 집행하라는 명령을 받았다. 이 두 가지를 무시하는 사람들은 사도를 사칭한다고 추론한다."[39]

칼뱅에 의하면 선지자는 특별한 계시에 탁월한 사람이다. "바울은 '선지자'라는 명칭을 하나님의 뜻을 해석하는 자들에게 적용시키지 않고 특별한 계시에 뛰어난 자들에게 적용한다(엡4:11). 여기에 해당하는 자들은 오늘날 존재하지 않거나 흔히 볼 수가 없다."[40] "'복음전도자'는 사도들보다는 지위가 낮으나 직분상으로 사도들 다음에 오는 자들로서 그들을 대리하여 기능을 발휘한 자들이라 여겨진다. 누가, 디모데, 디도 등이 여기에 속하였고, 어쩌면 그리스도께서 사도들 다음으로 지명하여 세우신 제자 칠십 인들도 여기에 속할 것이다(눅10:1)."[41] 이상에서 설명한 사도와 선지자와 복음전도자의 직분은 "교회 내의 일상직(permanent office)으로 세워진 것이 아니라, 다만 과거에 교회가 전혀 존재하지 않던 곳이나 혹은 모세로부터 그리스도께로 사람들을 인도해야 할 곳에 교회가 세워지는 시기 동안만을 위하여 세워진 것이다. …… 그 다음으로 목사들과 교사들인데, 이들은 교회에 절대적으로 필요한 직책들이다. 교사들은 제자훈련이나 성례 집례나 경고와 권면을 하는 일을 맡지 않고 성경을 해석하는 일만을 맡았다. 이는 신자들 사이에 건전하고 수수한 교리를 유지하려는 것이었다. 목사직에는 이 모든 임무가 포함된다."42)

칼뱅은 성경주석에 근거하여 임시직으로서 사도, 선지자, 복음전도자와, 일상직으로서 목사와 교사에 대하여 설명한 뒤에, 기능적인 측면에서 직분 간 상호 연관관계에 대해서 설명한다. 칼뱅은 사도직과 복음전도자직을 하나로 묶어서 목사직에다가 상응시키고, 선지자직을 교사직에다 상응시킨다. "복음전도자와 사도를 하나로 묶어 보면, 서로 일치하는 두 쌍을 상정할 수가 있다. 오늘날 교사들이 그 옛날의 선지자들과 일치하듯이, 오늘날의 목사들이 사도들과 일치한다는 것이다. 선지자 직분은 그들이 뛰어나게 보여 주었던 그 독특한 계시의 은사 때문에 더 두드러졌다. 그러나 교사의 직분도 그 성격상 그와 매우 유사하며 그 목적 또한 그와 정확히 일치한다. 이와 마찬가지로 주께서 세상에 복음을 새로이 전파하도록 택함을 받은 열두 사람들도 그 지위에 있어서 나머지 사람들을 능가하였다(눅6:13; 갈1:1). 그런데 '사도'라는 단어의 뜻과 그 파생적인 의미로 볼 때, 교회의 모든 직분자들은 '사도들'이라고 불러도 무방할 것이다. 왜냐하면 그 모든 이들이 주님으로부터 보내심을 받은 자들이요 또한 그의 사자들이기 때문이다. 그러나 그럼에도 불구하고 전혀 듣지 못하던 새로운 사실을 전파할 임무를 받은 자들의 사명을 확실하게 아는 것이 사람들에게 매우 중요한 일이었기 때문에 그 열두 사람(후에 바울이 여기에 추가되지만)에게 특별한 호칭을 부여하여 나머지 사람들보다 뛰어나도록 할 필요가 있었던 것이다. …… 그러나 목사들은 (각각 자신에게 맡겨진 교회를 다스린다는 점을 제외한다면) 사도들과 똑같은 책임을 맡았다."[43]

질서가 잘 잡혀서 유지되는 교회의 네 직분에 대해 칼뱅의 주장을 좀더 구체적으로 기술하기 전에 칼뱅이 직분에 사용한 용어를 살펴보자. 칼뱅은 '감독'(episcopus), '장로'(presbyter), '목사'(pastor), '사역자/교역자'(minister)를 구별하지 않고 동일하게 사용한다. "교회를 다스리는 사람들을 '감독', '장로', '목사', '사역자/교역자'라고 서로 구별하지 않고 부르는데, 이 용어들을 상호 교환하여 사용하는 성경의 용례에 따라 나도 그렇게 사용했다."[44]

칼뱅에 의하면 목사들은 "그저 하는 일 없이 교회에 세움받은 것이 아니라, 그리스도의 가르침으로 사람들을 교훈하여 참된 경건으로 향하게 하며, 성례를 집례하고 올바른 치리를 유지하고 실시하라는 것이다."[45]

칼뱅은 말씀을 전할 뿐만 아니라, 다스리는 사람을 감독 또는 장로(딛1:5, 7; 딤3:1; 빌1:1; 행20:17, 28)라고 부른다. 이 직분은 오늘날 교회에서 목사에 해당되고, 다스리는 일만 하는 사람은 오늘날 장로에 해당되는데,

다스리는 사람들은(고전12:28) 신자들 사이에서 선택된 장로들이었으며, 감독들과 함께 도덕적인 견책과 권징을 시행하는 일을 맡았다. 이 다스리는 직분은 모든 시대에 필요하다.[46] 디모데서에서 바울은 말씀을 가르치는 일에 수고하는 장로들과 말씀을 선포하지 않고 다스리기만 하는 장로들을 구별했다(딤전5:17). 이 둘째 종류의 장로들은 분명히 도덕적인 문제를 감독하며 열쇠의 권한을 사용하는 일을 위해서 임명된 사람들이었다.[47]

"다스리는 일과 구제하는 일, 이 두 가지는 영구적인 것이다."[48] 칼뱅은 두 가지 종류의 집사에 대해서 말한다. "구제하는 일은 집사들에게 맡겨졌다. 그러나 로마서에는 '구제하는 자는 성실함으로 …… 긍휼을 베푸는 자는 즐거움으로 할 것이니라.'(롬12:8)고 두 가지 종류의 집사에 대해서 언급했다. 여기서 바울은 교회 안에 있는 공적인 직분에 대해서 말하는 것이 분명하다. 따라서 집사직에는 두 가지 다른 등급이 있었을 것이다. 만일 내 생각이 틀리지 않는다면, 바울은 처음 문장에서 구제물자를 나누어 주는 집사들을 가리킨다. 그러나 둘째 문장은 빈민과 병자들을 돌보는 사람들을 말한다. 바울이 디모데에게 말한 과부들도 두 번째에 속하였다(딤전5:9~10). 여자들이 맡을 수 있는 공적 직분은 구제하는 일에 헌신하는 것뿐이었다. 이 해석을 인정한다면(또 인정해야 한다), 집사에는 두 종류가 있는데 교회를 위해서 구제 사업을 관리하는 집사들과 직접 빈민을 돌보는 집사들이다. 디아코니아(διακονία, 봉사)라는 말에는 더 넓은 뜻이 있지만, 성경에서 집사라고 부르는 사람들은 교회가 구제물자를 분배하며, 빈민을 돌보고 빈민 구제금을 관리하는 일을 맡긴 사람들이다. 그들의 기원과 임명과 직분에 대해서는 누가가 사도행전에 기록했다.(행6:3)."[49]

칼뱅이 이해한 교회의 네 직분과 기능을 요약하면 다음과 같다. 목사는 말씀선포와 성례전 집례와 치리 시행을 담당하고, 교사는 성경해석의 일을 맡고, 장로는 다스리는 자로서 목사와 함께 치리를 담당한다. 집사에는 두 종류가 있는데 구제 사업을 담당하는 집사와 빈민과 병자를 돌보는 집사가 있다.

칼뱅은 교회의 직분자가 될 사람은 소명과 일정한 절차를 통해서 임명되어야 한다고 주장한다. 칼뱅에 의하면 교회의 공적 직분을 맡을 사람은 반드시 소명을 받아야 하고, "명령받은 일은 책임을 지고 수행해야 한다."[50] 이 문제와 관련해서 칼뱅은 네 가지를 언급한다. "우리는 다음 사실을 알아야 한다. (1) 그들은 어떤 종류의 사역자가 되어야 하는가? (2) 어떻게? (3) 누구에 의해서 그들은 지명되어야 하는가? (4) 어떤 의식에 의해서 그들은 임직되어야 하는가?"[51]

첫째, 교회의 직분자는 내적 부름(소명)과 외적 부름이 있는 그러한 종류의 사역자가 되어야 한다. 내적 부름은 비밀한 소명으로써 각 직분자는 하나님 앞에서 스스로 아는 것이며, 교회가 여기에 대한 증인이 될 수는 없다. 직분을 받는 것은 야심이나 탐욕이나 이기심에서가 아니라, 참으로 하나님을 두려워하고 교회의 덕을 세우려는 소원에서 비롯되어야 한다. 좋은 목사는 경건을 겸한 학식과 그 밖의 직책을 수행하는 데 필요한 은사를 가져야 한다.[52] 목사(감독)는 "건전한 교리를 믿으며, 생활이 거룩하고 그들의 권위를 빼앗거나 그들의 사역에 수치가 될 만한 허물이 없는 사람이어야 한다.(딤전3:2~3; 딛1:7~8). 집사와 장로들에 대해서도 목사와 동일한 것이 요구된다(딤전3:8~13)."[53]

둘째, 교회의 직분자는 종교적 경외감 속에서 선택되어야 한다. 칼뱅이 직분자 선택의 방법을 "어떻게"라고 말한 것은 선택하는 의식을 말하는 것이 아니라, "선택할 때 품어야 할 종교적 경외감"을 의미하는데, 성경에는(행14:23; 새1:2) 교회가 직분자를 세울 때, 엄숙한 일을 하고 있다고 깨닫기 때문에 최고의 경의와 주의를 기울이며, 금식하며 기도에 전념했고 지혜와 분별의 영을 하나님께 구했다.[54]

셋째, 하나님께서 교회의 직분자를 선택하시지만 교회가 그 직분자를 지명해야 한다. "하나님께서는 바울을 이방인의 사도로 임명하셨다고 언급하신 후에 교회가 그를 지명하게 하심으로써" 교회의 규율과 질서를 확립하셨다.[55] 문제는 사역자를 선택할 때, 교회 전체에 의해서 또는 그의 동료들과 도덕적 견책을 맡은 장로들에 의해서 선택되는가, 아니면 한 사람의 권위에 의해서 임명되어지는가다. 칼뱅은 성경주석(레8:4~6; 민20:26~27; 행1:15이하, 6:2~7, 14:23)에 근거하면서도, 키푸리아누스(Cypurianus)의 주장과 로마의 투표방법 등을 참조하여 교회의 직분자는 교회 전체가 투표하는 방법을 통해서 선출되어야 한다고 주장한다. "합당해 보이는 사람들이 하나님의 백성의 동의와 승인에 의해서 부름

받는 것이 하나님의 말씀에 일치하는 합법적인 방법이다. 게다가 회중의 경박함과 악한 의도나 무질서 때문에 탈선하는 것을 방지하기 위해서 다른 목사들이 선거를 관장해야 한다."56)

넷째, 교회의 직분자들은 목사들의 안수(the laying on of hands)를 통해서 임직된다. 칼뱅은 성경주석(창48:14; 민8:12, 27:23; 레1:4, 3:2, 8, 13, 4:4, 15, 24, 29, 33; 행6:6, 13:3, 19:6; 딤전1:6, 4:14)을 통해서 안수의 의미와 임직의 방법을 검토한다. 칼뱅에 의하면 사도들이 사역자들을 임명했을 때 안수하는 의식만 있었다. "사람들은 안수함으로써 그들이 사역자로 받아들이는 사람을 하나님께 드린다는 뜻을 표시한 것이다. 그러나 그들은 성령의 눈에 보이는 은사를 신자들에게 베풀 때도 이 방법을 사용했다(행19:6). 여하간 안수하는 것은 교회의 사역자를 임명할 때마다 사용한 엄숙한 의식이었다. 이런 방법으로 그들은 목사들과 교사들과 집사들을 성별했다."57) 칼뱅에 의하면, 하나님으로부터 유래한 안수는 교회 직분의 위엄을 교회에게 알리는 표징으로써 유익하지만, 미신적으로 오용되지 않아야 하며 교회 전체가 안수하는 것이 아니라 반드시 목사들이 안수하여야 한다.58)

● **칼뱅의 교회의 권위**

칼뱅의 경우 교회에는 직분이라는 질서와 제도가 있는가 하면, 질서와 제도를 운영하기 위해서는 교회의 권위(the power of the Church)가 필요하다. 교회의 권위는 누구에게 있으며 어떤 종류가 있는가? "교회의 권위의 일부는 감독자 각자에게 속하고, 일부는 지방회의나 총회의에 속했다. 여기서 말하는 것은 교회에 고유한 영적 권위인데, 이 영적 권위는 교리에 관한 권위와 재판에 관한 권위, 그리고 입법에 관한 권위로 나누어진다."[59]

칼뱅의 경우 교회의 권위의 근거와 목적은 무엇인가? 칼뱅은 교회의 권위의 근거를 하나님의 말씀에 기초시키는데, 이 점에서 그는 로마 가톨릭교회와 첨예하게 대립하였다. "우리의 논적들은 교회의 권위를 하나님의 말씀 밖에 둔다. 그러나 우리는 교회의 권위는 말씀에 부속되어야 한다고 주장하며, 교회의 권위가 말씀에서 분리되는 것을 허락하지 않는다. …… 그들은 하나님의 말씀에 없는 이상한 교리를 추천하기 위해서 성령의 이름을 사용할 뿐이다. 그러나 성령께서는 끊을 수 없는 유대로 하나님의 말씀에 결합되기를 원하시며, 그리스도께서도 교회에 성령을 약속하실 때 이 점을 확언하셨다."[60] "그러므로 교회의 권위는 무한한 것이 아니며 주의 말씀에 종속된다. 다시 말하자면 교회의 권위는 주의 말씀으로 에워쌓여 있다."[61] "문제 전체의 근본은 만일 하나님이 유일한 입법자시라면, 사람이 이 영예를 탈취하는 것을 용서할 수 없다는 것이다. …… 첫째, 모든 의와 거룩의 완전한 기준은 하나님의 뜻에 있으며 하나님을 알면 선한 생활을 완전히 알게 된다. 둘째, (우리가 하나님을 바르고 합당하게 예배하는 방법을 구할 때) 하나님만이 우리의 영혼에 대해서 권위를 가지셨고 우리는 하나님께 순종해야 하며, 하나님의 뜻을 섬

겨야 한다."⁶²⁾

칼뱅은 바울서신을 근거로 교회의 권위의 목적은 '세우기 위한 것'이라고 주장한다. "권세를 주신 것은 파하기 위한 것이 아니라 세우기 위한 것이라고 바울은 말한다⁽고후10:8, 13:10⁾. 이 권위를 합당하게 행사하는 사람들은 자기가 그리스도의 종이라고 생각한다⁽고전4:1⁾. 그런데 교회를 세우는 유일한 방법은 사역자들이 그리스도께서 그 권위를 유지하실 수 있도록 노력하는 것이다. 이렇게 하려면 그리스도께서 아버지께 받으신 것을 그에게서 빼앗지 않아야 한다. 즉 그리스도만이 교회의 교사가 되어야 한다. 왜냐하면 다른 사람이 아닌 그리스도에 대해서만 '저의 말을 들으라'고 성경이 말씀했기 때문이다⁽마17:5⁾."⁶³⁾

[1] 교리에 관한 교회의 권위

교회의 첫 번째 권위는 교리에 관한 권위이다. 교리에 관한 교회의 권위에는 신앙조항⁽信條⁾을 제정하는 권위와 그것을 해석하는 권위가 있다.⁶⁴⁾ 칼뱅은 교회가 신조⁽信條⁾를 제정하고 해석할 때, 하나님의 말씀에 근거해야 한다고 주장한다. 이 사실을 밝히기 위해 칼뱅은 구약의 족장, 제사장, 선지자는 물론 신약의 사도들과 그들의 후계자들도 교리에 관한 권위를 하나님의 말씀에 기초시켰다고 주장하면서 오늘날 교회의 권위도 교회가 하나님의 말씀과 별도로 새로운 계시를 말할 수 있는 권위가 아니라, 하나님의 말씀에 기초한 교리를 제정하고 해석하는 권위라고 주장한다. "우리는 성경에서 성령이 권위와 위엄을 제사장이나 선지자나 사도들이나 사도의 후계자들에게 주실 때, 개인에게 주시지 않고 그들이 임명되는 그 직분을 주셨다는 것을 기억해야 한다. 간단히 말하면, 그들이 선포하도록 위탁을 받은 그 말씀에 주신 것이다. 그들 모두를 차례로 검토해 보면 그들은 주의 이름과 주의 말씀에 따라서만 가르치며 대답하는 권위를 받았음을 알 수 있다. 그들이 직분을 맡도록 부르심을 받을 때 동시에 자기의 것을 모두 버리고 오직 주의 입에서 나오는 말씀만 말하라는 명령을 받았다. 그리고 주께서는 그들을 백성 앞에 내세워 말을 하게 하기 전에 반드시 그들이 할 말을 가르치신다. 그들은 주의 말씀 외에 어느 것도 말해서는 안 된다."[65]

칼뱅에 의하면 구약성경은 하나님의 말씀이다. "그러므로 율법과 예언서와 시편과 역사들로 구성된 문서는 그 전체가 옛 백성을 위한 하나님의 말씀이었고, 교사들과 제사장들은 그리스도께서 오시기까지 이 표준에 일치한 교훈을 가르쳐야 했다. 그들의 직책은 하나님의 입에서 받은 말씀으로 백성에게 대답하는 것뿐이었으므로 그들이 좌로나 우로나 치우치는 것은 불법이었다(신5:32)."[66] 칼뱅에 의하면 마침내 말씀이 육신이 되신 예수 그리스도께서 최종적인 것을 보여주셨다. "드디어 하나님의 지혜가 육신으로 나타나셨을 때 그는 하늘 아버지에 대해서 사람의 마음이 이해할 수 있는 일과 숙고해야 할 일을 모두 우리에게 밝히어 말씀하셨다. 전에는 희미한 빛이 있었을 뿐이나 이제 의의 태양을 비추셨으므로 지금 우리에게는 정오의 밝은 빛과 같은 하나님의 진리의 완전한 빛이 있다."[67] "곧 그리스도께서는 자기 뒤에 다른 사람들이 할 말을 전혀 남겨두시지 않았다는 말이 된다."[68] 칼빈에 의하면 사도들도 구약성경을 하나님의 말씀으로 받아들였다. "우리는 사도들에게 허락된 것은 옛날 예언서들에 있는 것뿐이었다고 추론할 수 있다. 사도들은 고대에 기록된 성경을 해석하여 거기서 가르친 것이 그리스도 안에서 성취되었다는 것을 보여주는 사명을 받았다. 그러나 이 일을 할 때에도 주의 지도를 받아야 했으니, 곧 그리스도의 영이 인도자가 되어서 그들이 할 말을 어느 정도 불러 주신 것이다."[69] 한 걸음 더 나아가서 칼뱅은 사도들의 글을 하나님의 말씀으로 인정해야 한다고 주장한다. "사도들은 성령의 말씀을 틀림없이 받아썼기 때문에 그들의 글은 하나님의 말씀으로 인정해야 한다."[70]

칼뱅의 경우 교회가 신조의 제정과 해석에 대한 권위를 가진다는 것은 교회가 하나님의 말씀인 성경을 근거하여 신조를 제정하고 해석하는 권위를 뜻한다. 바로 이 점에서 성경을 기록한 사도들과 오늘날 교회 사이에 근본적인 차이가 있다. "사도들과 그 후계자들 사이에는 차이가 있다. 사도들은 성령의 말씀을 틀림없이 받아썼기 때문에 그들의 글을 하나님의 말씀으로 인정해야 한다. 그러나 그들의 후계자들은 성경에 봉인돼 있는 것을 가르치는 직분만을 받았다. 그러므로 우리 충실한 사역자들은 새로운 교리를 만들어서는 안 되고, 하나님께서 모든 사람에게 예외 없이 복종하도록 하신 그 교리를 단단히 붙잡아야 할 뿐이라고 가르친다."[71]

교회에 의해서 제정되고 해석된 신조가 성경보다도 더 큰 권위가 있다고 주장하는 로마가톨릭교회에 반대하여 칼뱅은 교회의 전승(傳承)은 하나님의 말씀인 성경에 종속되어야 한다고 주장한다. "여기서 그들은 다시 교회가 사도들의 글에 몇 가지를 첨가할 필요가 있다느니, 사도들이 자신이 분명히 가르치지 못한 것을 후에 말로 보충했다느니 하고 중얼거린다."[72] "교회는 새로운 교리를 만들어 내서는 안 된다. 즉 주의 말씀에 계시되지 않은 것을 하나님의 말씀이라고 가르치며 주장하는 것은 허락되지 않는다는 것이다."[73]

칼뱅은 교회회의의 권위도 하나님의 말씀에 종속되어야 한다고 주장한다. "그러면 어떻게 될 것인가? 회의들에는 아무 결정권도 없다는 말이냐고 물을 것이다. 물론 교회의 회의들은 결정권을 가지고 있다. 나는 여기서 모든 회의를 배척해야 된다든지 모든 회의들의 결정을 취소하라고 주장하는 것이 아니다. …… 다만 나는 어느 회의의 결정이 있을 때마다 회의는 언제, 무슨 문제로, 무슨 목적으로 열리고 또 어떤 사람들이 출석했는가를 사람들이 우선 깊이 생각하기 바란다. 그 다음에 회의에서 취급할 문제를 성경을 표준으로 검토하기를 바란다. 그리고 그 회의의 결정이 자체적으로 중요성을 지니고 또 이전의 판단에 비추어 고려되어야 하지만, 내가 언급한 검토를 방해하지 않기를 바란다."[74] 칼뱅은 니케아회의, 콘스탄티노플회의, 제1차 에베소서회의, 칼케돈회의 등 초기교회의 회의들을 "기꺼이 공경하여" 받아들이면서 이 회의들 속에는 "성경에 대한 순수하고 진지한 해석이 있었을 뿐이며, 거룩한 교부들은 당시에 있던 신앙의 원수들을 쳐부수기 위해서 영

적인 지혜로 이 해석을" 적용했다고 주장한다.[75]

[2] 입법에 관한 교회의 권위

교회의 두 번째 권위는 입법에 관한 권위다. 교회의 입법에 대한 권위를 중심으로, 칼뱅은 크게 두 진영과 논쟁했다. 한 편으로 칼뱅은 교회법의 필요성을 주장하면서도 하나님의 말씀을 벗어나 인간적 전통에 근거한 비성경적인 교회법을 주장하는 로마가톨릭교회를 비판했을 뿐만 아니라,[76] 성경에 근거한 교회법 자체를 완전히 부정하는 사람들도 비판했다.[77] 칼뱅은 로마가톨릭교회가 제정한 교회법은 하나님의 말씀을 벗어나 인간적 전통에 근거한 법이기 때문에 인정될 수 없다고 말한다. "인간적 전통은 모두 하나님의 말씀을 떠난 법이며, 사람들이 만든 법이다. 그 목적이 하나님을 경배하는 방법을 정하려는 구실이거나 구원에 필요한 일들에 대한 규정을 만든다는 구실로 양심을 여러 가지 가책으로 속박하려는 것이다."[78] 로마가톨릭교회의 교회법은 사도들이나 사도적 전통으로부터 나온 것이 아니다. "사도들의 명령이 기록에 남지는 않았으나 관습과 관례에 의해서 전달되었다고 그들이 말하는 것은 허용될 수 없다."[79]

칼뱅은 비성경적인 교회법을 비판했지만 교회법 자체를 부정하기는커녕, 성경적인 교회법의 필요성을 주장했다. "인간의 유전은 사람의 양심에 불경건한 속박을 가하는 것이며 인간의 유전으로 하나님을 경배하는 것은 헛된 일이라는 말을 들을 때, 무지한 사람들은 교회의 질서를 형성하는 모든 법을 말살하려고 하는 예가 많다."[80] "우선 우리가 알아야 할 일이 있다. 모든 인간 사회는 공공의 평화촉진과 화합을 유지하기 위해서 어떤 형태로든 조직될 필요가 있다. 그 뿐만 아니라 사람 사이의 거래에는 언제든지 어떤 절차가 있으며, 공공생활의 예절을 위해서도 그 절차는 필요하다. 이 점은 특히 교회에서 준수되어야 한다. 모든 일이 정연한 법 아래 있을 때 교회는 가장 잘 유지되며, 화합이 없으면 전혀 교회가 되지 않는다. 그러므로 교회의 안전을 도모하려면 우리는 '모든 것을 적당하게 하고 질서대로 하라'고 한(고전4:40) 바울의 명령에 깊은 주의를 기울여야 한다."[81]

칼뱅은 교회법의 필요성을 주장한 뒤에 교회법의 성격을 규정한다. 첫째, 교회법은 하나님의 말씀에 근거해야 한다. "나는 하나님의 권위를 근거로 성경에서 이끌어 낸 법들 곧 인간이 만들기는 했으나 전적으로 하나님으로부터 온 법들만을 인정한다고 언명할 필요가 있다."[82] 둘째, 교회법은 구원에 필요한 규정이 아니라 질서와 예절에 필요한 규정이다. "주께서는 진정한 의의 골자 전체와 그의 위엄 앞에 드리는 예배의 모든 국면과 구원에 필요한 모든 것을 그의 거룩한 말씀에 충실히 포함시키며 분명히 표현하셨다. 그러므로 이런 문제들에 관해서는 주의 말씀만을 들어야 한다. 그러나 외형적인 규율과 의식에 대해서는 우리가 해야 할 일을 자세히 명령하려고 하지 않으셨다. 이런 일은 시대의 형편에 의존한다는 것을 아시고 한 형식이 모든 시대에 적합하다고 보지 않으셨기 때문이다."[83] "이런 규정에서 경계해야 할 일이 하나 있다. 구원을 위해서 규정이 필요한 것으로 생각하여 그 결과 여러 가지 가책으로 양심을 속박하는 것으로 생각해서는 안 된다. 또 규정을 하나님께 대한 경배와 연결시켜서 규정을 지키는 것이 경건이라고 생각해서도 안 된다."[84] 칼뱅은 참 종교를 모호하게 만들고 인간의 양심을 괴롭히는 잘못된 교회법과 올바른 교회법 사이를 구별하는 표지를 다음과 같이 주장한다. "교회법의 목적은 다음의 두 가지 또는 그 중에 하나인 것(신자들의 성회에서는 모든 일이 적절하고 위엄 있게 행해지고, 또 인간의 공동체는 인간애와 절도의 유대로 질서를 유지해야 한다는 것)을 기억한다면 우리는 상기한 구별의 표지를 알 수 있다."[85] 셋째, 교회법은 사랑의 원리가 작용해야 한다. 교회법의 규정은 "우리가 함께 노력해서 서로 사랑을 배양하라는 것 외에는" 아무것도 요구하지 않는다.[86] "무엇이 해가 되고, 무엇이 덕이 되는지는 사랑이 가장 잘 판단할 것이다. 사랑을 인도자로 삼으면 모든 일이 안전할 것이다."[87]

[3] 재판에 관한 교회의 권위

교회의 세 번째 권위는 재판(사법)에 관한 권위다. 칼뱅은 교회의 재판권을 매우 중요시한다. 교회의 세 번째 권위인 재판권은 "교회를 질서 정연한 상태로 유지하기 위해 가장 중요한 권위"이며, "도덕적 권징(치리)"(the discipline of morals)을 위한 목적으로 필요하다.[88] "이 재판권은 교회의 영적 제도를 유지하기 위해서 형성된 질서에 불과하다. 이 목적을 위하여 처음부터 교회에 재판소를 설치하고, 도덕적 문제에 대하여 견책을 하고, 죄악을 조사하며 열쇠의 직책을 다하게 했다."[89]

칼뱅은 교회의 재판권은 영적이며 영구적인 성격을 가진다고 주장한다. 교회의 재판권은 "영적 제도"를 유지하기 위해 형성된 질서이다.[90] "참으로 그리스도의 말씀을(마18장) 보다 깊이 숙고하는 사람은 거기에 묘사된 것이 일시적인 교회제도가 아니라 고정된 영구적인 제도란 것을 쉽게 알 수 있을 것이다."[91] 교회의 교리의 권위와 입법의 권위가 하나님의 말씀에 근거하듯이 교회의 재판권도 하나님의 말씀에 근거하기 때문에 교회와 사역자는 하나님의 말씀의 도구에 불과하다. "우리의 결론은 이 구절(마18:9)에서 말씀하는 열쇠의 권한은 복음 선포를 뜻하며 사람들에게 그것은 권한(power)이라기보다는 섬김(ministry)이라는 것이다. 그리스도께서 이 권한을 사람들에게 주신 것이 아니라 그의 말씀에게 주신 것이요, 사람들을 불러서 그 말씀을 섬기는 자들로 삼으신 것이기 때문이다."[92] "우선 교회의 재판권의 목적은 죄악을 막으며, 발생한 불상사를 제거하는 것이다. 재판권을 행사할 때마다 고려해야 할 점은 두 가지다. 즉 이 영적 권위는 첫째, 칼의 권리로부터 완전히 분리되어야 하며 둘째, 한 사람의 결정이 아닌 합법적인 회의의 결정에 의해서 행사되어야 한다. 교회가 비교적 순수했을 때는 이 두 가지가 모두 준수되었다(고전5:4~5). 그런데 거룩한 감독들은 권위를 행사하는 수단으로써 벌금이나 투옥이나 그 외의 국가의 벌칙을 쓰지 않고 오직 주의 말씀만을 사용했다. 이것은 합당한 일이었다. 교회가 줄 수 있는 가장 엄중한 벌, 예를 들면 그 최후의 벼락은 출교 선고이며 이것은 불가피한 때에만 사용한다. 이 처벌을 하는 데에는 신체적 강제력이 필요하지 않고 오직 하나님의 말씀의 힘만을 믿는다."[93] 칼뱅은 성경 주석에 근거하여 교회사에서 재판법에 대한 잘못된 이해들을 구체적으로 지적한다.[94]

칼뱅은 교회의 재판에 관한 권위를 교회에 주어진 열쇠에 대한 권위에 근거시킨다. 칼뱅은 마태복음 16장 19절과 마태복음 18장 17~18절 사이에 존재하는 같은 점과 다른 점을 다음과 같이 설명한다. 두 구절은 "완전히 같은 것이 아니라 그 뜻이 약간 다르다. 그러나 아주 달라서 서로 연결이 없을 정도라고는 생각하지 않는다. 두 구절에는 같은 점이 있다. 즉 두 구절은 모두 일반적 진술이며, 매고 푸는 동일한 권세(하나님의 말씀을 통하여)와 명령과 같은 약속을 가지고 있다. 그러나 서로 다른 점도 있다. 마태복음 16장 19절은 특히 말씀을 맡은 자들이 실천하는 전도에 관한 것이고, 마태복음 18장 17~18절은 교회에 맡겨진 출교 규정에 관한 것이다. 교회는 출교시킨 사람에 대하여 구속력이 있다. 그를 영원한 멸망과 절망에 집어넣는다는 것이 아니라, 그의 생활과 품행을 책망하며 회개하지 않으면 정죄를 받으리라고 항상 경고하기 때문이다. 교회는 공동체에 받아들이는 사람을 푼다. 그리스도 예수 안에서 교회가 가진 연합에 참가하기 때문이다."[95] 칼뱅은 로마가톨릭교회가 마태복음 18장 17~19절을 잘못 해석하여 로마 주교의 수위권까지 주장했다고 비판한다. "자기도취에 빠진 이 정신나간 사람들은 이 두 구절을 근거로 삼아 고해나 출교나 재판권이나 입법권이나 사면(赦免)을 무

분별하게 확립하려고 애쓴다. 참으로 마태복음 18장 19절을 인용해서 로마 주교의 수위권을 확립하려 한다."[96]

칼뱅은 국가에 제도가 필요하듯이 교회에도 제도가 필요하다고 말하고, 국가의 제도와 교회의 제도를 구별하면서도 양자를 상호 배타적으로 이해하지는 않는다. 그 이유는 다음과 같다. "요컨대 교회정치는 하나님의 구속활동에 속하고 세상정치는 하나님의 창조활동에 속한다. 이 두 정치는 한 하나님의 활동으로부터 분리되지는 않지만, 그러나 구별되어야 한다."[97] "도시에 집권자와 정치제도가 없으면 그 도시가 기능을 발휘할 수 없는 것과 같이, 하나님의 교회에도 …… 영적인 제도가 필요하다. 이것은 국가 행정조직과는 다른 것이지만 국가 행정조직을 방해하거나 위협하는 것이 아니고 오히려 큰 도움이 된다."[98] 칼뱅은 양자 사이의 차이점을 알지 못하는 사람에 대해서 다음과 같이 말한다. "이 모든 일은(교회의 재판권) 임시적인 것이었고, 집권자들이 우리의 종교를 믿지 않았을 때에만 통용된 것이라고 생각하는 사람들도 있다. 이 생각은 잘못된 것인데, 그들은 교회의 권위와 국가의 권위가 서로 다르다는 것을 알지 못하기 때문이다. 교회에는 벌을 주며 강요하는 칼의 권한 즉 강제력이 없다. 교회는 집권자처럼 투옥이나 기타 형벌을 가할 수 없다. 문제는 죄인의 의사를 무시하면서 처벌하는 것이 아니라 죄인이 자신을 스스로 징계하여 회개를 표명하게 하는 것이다. 이 두 가지 개념은 매우 다르다. 교회는 국가가 당연히 할 일을 떠맡지 않으며, 국가는 교회가 행하는 일을 할 수 없다. 다음의 예가 이를 분명하게 할 것이다. 술에 취한 사람이 있을 때, 질서가 잡힌 도시에서는 그에게 투옥의 형벌을 가할 것이다. 그렇게 하면 법률과 관리와 외형적인 정의는 만족할 것이다. 그러나 그는 회개하는 기색이 없이 오히려 불평을 말하는 경우도 있을 것이다. 교회는 여기서 멈추어 설 것인가? 이런 사람들을 성찬에 참가시킨다면 그리스도와 그의 신성한 제도도 손상을 입게 될 것이다. 또 불미한 행동으로 교회에 누를 끼친 사람은 엄숙하게 회개를 선언함으로써 자기가 지은 죄를 제거해야 된다는 것이 도리상 당연한 요구다."[99] 칼뱅은 국가를 통한 범죄자에 대한 강제적 처벌과 부도덕한 신자에 대한 교회의 권징을 구별하면서도 양자 사이의 상호 협력관계의 필요성을 다음과 같이 주장한다. "관리가 형벌과 신체적 제재로 교회를 추문으로부터 순화시켜주는 것처럼, 말씀을 전하는 목사는 사악한 자들의 수를 줄임으로써 관리들을 마땅히 도와야 한다. 관리와 목사의 기능들은 각각 서로 방해하지 않고 서로 도와주어 섬기는 일에 하나가 되어야 한다."[100]

[4] 교회의 재판권과 열쇠권과 관계된 교회의 권징(치리)

칼뱅은 교회의 권징문제를 교회의 재판권과 열쇠권과 밀접한 관계 속에 이해하기 때문에 여기서 교회의 권징 문제를 다루는 것이 적당할 것으로 판단된다. 왜냐하면, "권징은 대개 열쇠의 권한과 영적 재판권에 의존"하기 때문이다.[101] 다시 말하면 앞에서 이미 언급했다시피 칼뱅의 교회의 셋째 권위인 영적 재판권은 권징을 행사하는 재판권이며, 교회의 열쇠의 내용은 교회의 복음 선포와 교회의 출교로 구성되어 있다.

칼뱅은 권징의 필요성을 부정하는 사람들에 대해 권징의 필요성과 중요성을 다음과 같이 역설한다. "권징을 혐오하여 권징이라는 말조차도 싫어하는 사람들은 다음 사실을 이해해야 할 것이다. 어떤 사회도, 아무리 작은 가족이라도 권징 없이는 적절한 상태를 유지할 수가 없으니, 가능한 한 질서를 잘 유지해야 할 교회로서는 더욱 더 권징이 필요하다는 것이다. 따라서 그리스도에 대한 구원 교리가 교회의 영혼이듯이 권징은 교회의 근육(힘줄)인데, 이 근육에 의해서 몸의 지체들이 각각 자신의 위치에 있도록 함께 묶여져 있다."102) "권징은 그리스도의 교훈에 반대하여 날뛰는 사람들을 억제하고 길들이는 굴레와 같으며, 나태한 사람을 고무시키는 박차와 같고, 더욱 심각한 타락에 빠진 사람들을 그리스도의 영의 유화함으로 부드럽게 징벌하는 아버지의 매와 같다. …… 그리스도께서 명령하시고 경건한 사람들이 항상 사용한 시정책은 이 권징뿐이다."103)

칼뱅은 권징의 목적에 대해 세 가지를 주장한다. "교회가 이런 시정책과 출교를 사용하는 데는 세 가지 목적이 있다."104) 권징의 첫째 목적은 부도덕한 사람으로부터 그리스도인이라는 호칭을 빼앗음으로써 그리스도의 몸이신 거룩한 교회를 보호하고, 주님의 성찬을 합당하게 보존하는 데 있다.105) 권징의 두 번째 목적은 "악한 자들과 항상 교제함으로써 선한 자들이 타락하는 일이 없도록 하려는 것이다."106) 권징의 세 번째 목적은 "비루한 자신에 대해 부끄러움을 이기지 못하는 사람들이 회개케 하기 위함이다."[107] 다시 말하면 권징의 세 가지 목적은 부도덕한 자로부터 그리스도인의 호칭을 제거하여 거룩한 교회의 이름과 명예보호, 악한 자에 의한 선한 자의 죄 감염 방지, 죄 지은 자에게 회개 기회를 제공하려는 것이다.

칼뱅은 권징의 필요성과 중요성을 주장하면서도 권징의 방법과 절차에 관한 것은 신중하게 접근하여 엄격주의를 배격하고 온건주의를 선택한다.[108] "우리는 그러한 엄격성이 '온유한 심령'(갈6:1)과 함께 결합되는 것이 교회에 적합하다는 사실을 간과해서는 안 된다. 바울이 명령한 것처럼 벌을 받는 사람이 너무 심한 슬픔에 빠지지 않도록(고후2:7) 특별히 주의해야 한다. 고치려다가 도리어 죽일 수도 있다. 그러나 고치려는 목적으로 본다면 온화한 규칙을 취하는 것이 더 나을 것이다."[109] 칼뱅은 교회사 속에서 아우구스티누스 당시 도나투스파와 그 당시 재세례파를 대표적인 엄격주의자들로 규정한다. "아우구스티누스가 이런 말을 한 것은 도나투스파의 신경과민 때문이었다. 그들은 교회 내에 있는 허물을 감독들이 말로 책망하면서 출교로 처벌하지 않는 것을 보았을 때 …… 감독들이 규율을 위반했다고 맹렬히 공격하고 그리스도의 양떼로부터 불경건한 분리를 감행했다. 오늘날의 재세례파가 그와 같은 행동을 한다. 모든 점에서 천사와 같이 완전하지 않은 곳에는 그리스도의 모임이 없다고 하며, 이런 열심을 가장하여 덕을 세우는 모든 것을 뒤엎어 버리는 것이다."[110] "이러한 온유한 태도는 교회 전체에 필요하다. 교회는 타락한 사람을 온유하게 대해야 하며, 극도로 엄격한 벌을 주어서는 안 된다. 오히려 바울이 지시한 대로 그들에 대한 사랑을 보여야 한다(고후2:8). 마찬가지로 평신도들도 각각 이같이 온건하고 온유한 태도를 가지도록 힘써야 한다."[111] "교회 권징의 방법과 수단이 경건하게 유지되려면 '서로 용납함으로써 지키라'(엡4:2)고 사도가 우리에게 명령한 것, 곧 '평안의 매는 줄로 성령의 하나되게 하신 것'(엡4:3)에 주의해야 한다."[112]

권징의 단계는 다음과 같이 이루어진다. 목사와 장로는 먼저 사적(私的) 충고의 기회를 만들고, 이 충고가 거부되거나 죄악에 대한 시정이 이루어지기 않을 때, 증인들 앞에서 충고하고, 그 후에 교회재판소 즉 장로의 회에 소환하여 엄중히 충고하고, 여기서도 순종하지 않고 악한 일을 계속한다면 그리스도의 명령에 따라(마8:15, 17) 신자들의 교제로부터 제거해야 한다.[113] 비밀한 죄를 시정할 때는 그리스도께서 정하신 절차를 밟아야 하며(마8:15), 드러난 죄에 대해서는 교회가 공적으로 책망해야 한다.[114] 경한 죄와 중한 죄는 구별되어야 하며 중한 죄를 시정하기 위해서는 충고나 견책뿐만 아니라, 더 엄격한 대책을 실시해야 한다.[115]

칼뱅의 경우 권징의 방법이 다양하지만 수찬정지와[116] 출교[117]는 매우 큰 벌에 해당된다. 우리는 특별히 출교의 중대성에 비추어서 칼뱅이 이해한 출교에 대해서 살펴보자. "출교를 하는 목적은 죄인을 회개하도록 인도하자는 것이며, 신자들 사이에서 나쁜 예를 제거함으로써 그리스도의 이름이 훼방을 받지 않고 다른 사람들이 자극을 받아 본받는 일이 없도록 하자는 것이다. …… 죄인이 교회에 대해서 회개한 증거를 보이고, 그 증거에 의해서 그의 힘이 닿는 대로 교회에 끼친 누를 씻어 버린다면 더 이상 그를 추궁해서는 안 된다. 추궁한다면 그때에는 엄격함이 도를 넘게 될 것이다."[118]

로마가톨릭교회나 재세례파는 출교당한 사람을 선택론과 결부시켜서 하나님으로부터 완전히 버림받은 사람으로 간주한다. 그러나 칼뱅은 여기에 반대하여 다음과 같이 주장한다. "교회에서 추방된 사람들을 선택된 사람들의 수효에서 삭제하거나, 그들이 이미 멸망한 사람인 것같이 절망하는 것은 우리가 할 일이 아니다. 그들을 교회와 그리스도에게서 멀어진 사람으로, 그러나 떨어져 있는 동안에 한해서만 그런 것으로 생각하는 것이 마땅하다. 그들이 온유한 태도보다 완고한 태도를 보일 때라도 우리는 그들을 주의 판단에 맡기고 그들의 일이 앞으로 현재보다 잘 되기를 희망해야 한다. 또 우리는 그들을 위해서 하나님께 기도하는 것을 중단해서는 안 된다. 한 마디로 말해서 하나님의 판단과 손 안에만 있는 사람에게 사형을 선고할 것이 아니라, 주의 법에 따라 각 사람의 행위의 성격만을 판단해야 한다."[119]

칼뱅은 출교를 주님의 말씀에 근거한 교정과 치유 및 구원 수단으로 이해한다. "출교와 저주는 다르다. 저주는 모든 용서를 거부하고 사람을 영원한 멸망에 정죄하는 것이다. 출교는 그의 도덕적 행위를 처벌하며 징계하는 것이다. 출교도 벌을 주는 것이지만, 장차 정죄를 받으리라는 것을 미리 경고함으로써 사람을 불러 돌이켜 구원을 얻게 하려는 것이다. 그가 돌아온다면 언제든지 화해와 교제의 회복이 그를 기다리고 있다."[120] 출교의 과정에는 교회의 직분자를 포함하여 교회 전체가 참여할 뿐만 아니라, 출교의 주관자가 주님이심을 우리는 알아야 한다. "바울이 사람을 출교한 조치는 합당한 것이었으나 거기에는 장로들이 단독으로 한 것이 아니라, 교회가 알고 찬동했다는 조건이 구비돼야 한다. …… 참으로 이 조치의 과정 전체에는 하나님의 이름을 부를 뿐만 아니라, 그리스도의 임재를 증거하는 엄숙성이 있어야 하며, 그리스도께서 친히 그의 재판권을 주관하신다는 것을 의심할 여지가 없도록 해야 한다."[121]

국가의 재판권과 구별하여 교회의 독자적인 재판권에 근거시켰던 외콜람파디우스의 권징 개념은 마틴 부처를 통해서 칼뱅에게 수용되었다. 칼뱅이 이해한 교회의 권징은 하나님의 말씀에 근거한 권징, 주님 자신이 시행하시는 권징이라는 사상과 함께 사랑을 동반한, 온건한 방법을 통한 권징이다. 이 권징은 단순한 저주나 처벌수단이 아니라 교정과 치유와 구원 수단으로 이해된다.

「제네바 교회의 직제」(1561)

| 개요 • 1541년의 교회법보다 1561년의 교회법에서 목회자에 대한 치리와 감독이 강화되었다는 사실이 발견된다. 한 예로 처리할 수 없는 문제는 반드시 시의회로 넘겨진다는 절차가 확정되었다. 목회자 모임에서 교리상의 차이가 있을 경우 목사들이 그것을 함께 취급하고, 해결되지 않을 경우 장로들과 총회(the Synod)에서 파송된 사람들을 부르고, 목사들 중에 한 사람의 완고성으로 문제해결이 안 될 경우 행정관(magistrate)이 최종적으로 해결한다. 칼뱅은 1541년 교회법과 「기독교 강요」 최종판(1559)에서 언급한 대로 교회의 4중직을 이 문서 제2항에서 언급한다. "무엇보다도 주님의 교회의 통치를 위하여 우리 주님께서 제정하신 네 가지 질서들(orders) 또는 네 종류의 직분들(offices)이 있다. 즉 목사들(pastors), 교사들(doctors), 그 다음 장로들(elders), 네 번째로 집사들(deacons)이다." |

1561년의 「교회법」(Les Ordonnances ecclésastiques, 1561: CO 10a, 91~124; D.W. Hall & J.H. Hall, ed., Paradigma in Polity, pp. 140~155)은 이미 우리가 앞에서 논의한 1541년의 「교회법안」(Projet d'ordonnances ecclésiastiques; Draft Ecclesiastical Ordinances, 1541)의 내용을 상당부분 수용하면서 새로운 내용을 수정하고 보완한 작품이다. 가령 주간 성경공부와 관련된 규정, 목사의 치리, 그리고 형제애적 견책 등에 이어 「제네바에 속한 목사들과 교구 심방을 위한 규칙」이 삽입되었고, 여기서는 제네바시 내에 있는 교회들과 그 주변 부속 교회들에 대한 심방 목적과 방법도 실려 있다.

우리 주제와 관련하여 1541년 법안과 1561년 법안을 상호 비교한 결과, 나타나는 차이점을 중심으로 기술하고자 한다.

칼뱅은 1541년 교회법과 「기독교 강요」 최종판(1559)에서 언급한 대로 교회의 4중직을 제2항에서 언급한다. "무엇보다도 주님의 교회의 통치를 위하여 우리 주님께서 제정하신 네 가지 질서들(orders) 또는 네 종류의 직분들(offices)이 있다: 즉 목사들(pastors), 교사들(doctors), 그 다음 장로들(elders), 네 번째로 집사들(deacons)이다."(Hall, op. cit., 141)

비록 칼뱅은 교회의 직제를 교회의 본질(esse ecclesiae)이나 교회의 표지(notae ecclesiae)로 간주하지 않을지라도, 교회를 위해 교회의 직제를 필수적이고 중요한 것으로 생각한다. 그 이유는 교회의 직제가 교회의 본질에 근거하며, 교회의 본질을 위해서, 다시 말하면, 좋은 교회를 형성하기 위해 절대적으로 필요하기 때문이다(bene ecclesiae). 칼뱅은 제3항에서 교회의 직제의 필요성과 중요성에 대해 "만약 우리가 잘 조직된 교회를 갖는 동시에 잘 조직된 교회가 완전하게 유지되기를 원한다면 우리가 이 같은 형태 또는 조직을 보존해야만 하는 바로 그 이유 때문이다."(Hall, op. cit., 141)라고 말한다.

목사에 대한 칼뱅의 정의는 1541년과 동일하다. "성경이 가끔 감독들(overseers), 장로들(elders)과 사역자들(ministers)로 칭하는 목사들(pastors)의 직무(office)는 하나님의 말씀을 선포하고 가르치고 훈계하고 권면하고, 사적으로 그리고 공적으로 견책하고, 성례를 집례하며, 장로들(elders) 또는 시의회 의원들(commissioners)과 함께 형제애적인 교정을 시행하는 것이다."(Hall, op. cit., 141)

칼뱅은 초대교회와 성경의 교훈에 따라 목사를 임명하는 절차에 대해서 1541년과 동일하게 말한다. 사역자들이 목사직을 받을 한 사람을 선택하여 제네바시 소위원회에 보고하면, 이 후보자가 출두하여 만약 자격이 있을 경우 받아들여지고 선택되어 그가 설교를 통해서 백성들에게 최종적으로 확증받기 위하여 사람들 앞에서 그에게 설교할 수 있는 기회를 준다. 그 결과, 신자들의 모임(the company of the faithful)의 동의(the common consent)에 의해서 그가 받아들여지게 된다. 결국 목사의 임명 절차에 목회자가 주도권을 잡고 시의회와 교회 전체가 함께 참여하게 되는 것이다.

1541년의 교회법보다 1561년의 교회법에서 목회자에 대한 치리와 감독이 강화되었다는 사실이 발견된다. 한 예로 처리할 수 없는 문제는 반드시 시의회로 넘겨진다는 절차가 확정되었다. 목회자 모임에서 교리상의 차이가 있을 경우, 목사들이 그것을 함께 취급하고 해결되지 않을 경우 장로들과 총회(the Synod)에 의해서 파송된 사람들을 부르고, 목사들 중에 한 사람의 완고성으로 문제해결이 안 될 경우, 행정관(magistrate)이 최종적으로 해결한다.

칼뱅은 특히 삶에 관계된 어떤 스캔들을 제거하기 위해 "치리기구"의 필요성을 말한다. "삶의 방식과 관계된 어떤 스캔들을 제거하기 위하여 모든 사람들이 예외 없이 굴복해야 할 견책하는 사역자들을 위한 형태(a form for reproving ministers, 더욱 자세하게 설명되어지기 위하여)를 가지는 것이 필요하다."(Hall, op. cit., 144) 제25항에서 목회자가 범하기 쉬운 죄목들 중에서 사소하지 않은 죄목 16개, 사소한 죄목 16개가 나열되어 있다.

목사가 실정법을 어기는 죄를 범할 경우 시의회가 그를 구류하고 목사직을 박탈하기도 하며, 다른 사소한 죄의 경우 목사는 노회(the Synod), 즉 목사와 장로 또는 시의회로부터 파송된 의원들의 치리를 받는다. 이들 노회원은 해당 목사의 잘못을 시의회에 보고하고 처벌에 대한 최종적인 판단을 시의회에 맡긴다. 그 밖에 사소한 목사의 잘못은 권면에 의해서 처리된다. 목사들은 석 달마다 목사들 가운데 이 같은 비행의 문제가 있는지를 살핀다.

비록 치리 문제에 처음에는 노회가 개입되어 사실을 조사하지만, 최종 권징권 또는 최종 치리권이 시의회에 있다는 점에서, 당시에 교회가 국가에 매우 종속되어 있었다는 사실을 반영한다. 시 당국은 시의회로부터 파송된 대표 2명, 교회로부터 파송된 목사 2명으로 구성된 소위 감독단(the delegates)에 대해 매년 1회 제네바시와 제네바시의 산하에 있는 지방 교구들을 방문하여 교구목사들이 가르치는 교리와 도덕생활과 목회활동을 감독하는 책임을 지웠다.

1541년 교회법에서 교사들에 대한 이해는 1561년 교회법과 거의 일치한다. "복음의 순수성이 무지나 잘못된 견해들로부터 오염되지 않도록 교사들의 고유한 의무는 신자들에게 건전한 교리를 가르치는 것이다."(Hall, op. cit., 147) 칼뱅은 교육제도(the Order of the Schools)를 더욱 장려할 것을 촉구한다. 신학 교사와 신구약 교사는 교역직에 가장 버금가며 교회의 통치와 가장 밀접하게 관계된 직분이며, 이를 위해 언어와 인문학이 선행되어야 하며 미래를 위하여 어린이 교육이 더욱 필요하다는 것이다. 어린이 교육에 소녀들도 포함되었다.

1561년 교회법의 장로직은 1541년 교회법의 장로직과 거의 같다. 그러나 서로 차이가 나는 점은, 장로는 해당 신자의 문제를 "형제애적 교정을 시행하기 위하여 구성된 모임(the company delegated)에 보고하여 목사들과 함께" 그 일을 처리해야 하지만 여기서는 장로의 안수에 대하여 언급되어 있지 않다는 점이다. "각 사람의 생활을 감독하고 부족하거나 무질서한 생활을 하는 자들을 형제애적인 방법으로 권면하고, 필요할 경우 형제애적인 교정을 위하여 치리기구(the company delegated)에 다른 목사들과 함께 보고하는 것이 장로들의 기능이다."(Hall, op. cit., 147)

1561년 교회법의 집사직과 1541년 교회법의 집사직은 거의 동일하다. 그러나 실천과정의 세부 사항 중에서 세 가지가 첨가되었다.(Hall, op. cit., 149) 첫째, 병원과 제네바시의 가난한 사람들을 위해 시의 예산으로 의사와 외과의사를 두어야 하며 둘째, 노인과 병자들과 가난한 어린이가 병원에 오기 때문에 이들에게 올바른 기독교적 생활과 가르침을 주고 때로는 어린이들의 대학진학을 위하여 교사를 두어야 하며 셋째, 교회 문 앞에서 걸인이 구걸하는 것을 금지하는 조치를 시의회가 취해야 한다는 내용이다.

이상에서 살펴보았다시피 비록 집사직이 교회의 직제 중에 하나였지만 칼뱅은 집사직을 소극적으로 교회 안에서만 활용한 것이 아니라, 사회와 국가의 틀 속에서 '디아코니아', 즉 적극적인 이웃 사랑의 실천을 구조적으로 정책적으로 행정적으로 탁월하게 실천하였다고 볼 수 있다.

교회를 섬기는 청지기의 길

장로교회 정치 해설

임성빈 교수(장로회신학대학교, 기독교와 문화)

장로교회 정치 해설

목적 • 장로의 직분을 올바로 감당하기 위해 '부르심'을 확인하고, 장로교회의 정치구조와 정치체제를 이해하도록 한다.

목표 • 1 장로로서의 '부르심'과 만인제사장으로서의 부르심의 차이점과 공통점을 확인한다.
2 당회, 노회, 총회의 고유한 역할과 연결 구조를 명확히 이해하도록 한다.
3 그리스도를 중심으로 적극적으로 협력하는 장로교회 정치원리의 근본정신을 이해하도록 한다.

부르심 받은 직분으로서의 장로

장로로서의 직분은 매우 귀중한 것이다. 이는 하나님으로부터의 부르심이기 때문이다. 그러므로 장로로 부르심을 우리는 한없는 영광으로 받아야 할 것이며, 하나님 앞에 선 두려움과 떨림, 즉 겸손의 자세로 그 직을 섬겨야 할 것이다.

우리가 특별히 기억하여야 할 것이 있다. 그것은 하나님께서 장로라는 특별한 직분을 허락하셨지만 결코 그것이 교회 안에서의 계급은 아니라는 사실이다. 우리가 잊지 말아야 할 것은 목사와 장로만이 교회의 사역자가 아니라는 것이다. 하나님은 모든 교인을 교회의 일, 즉 교역에로 부르셨다. 하나님의 부르심은 모든 신자들을 향한 것이다(롬1:6~7; 갈1:6; 살전2:12; 벧전 2:9~10; 유1:1).[122] 비록 교회 안에 목사와 장로와 집사 등의 직분이 존재하지만 그러한 직제가 모든 교인들의 사역참여와 헌신의 중요성을 조금이라도 무시하는 것이 아님을 우리는 확실히 하여야 한다. 이른바 "평신도"와 "교역자"의 구별은 각각이 담당하는 특별한 기능의 차이에서 비롯된 것뿐이다.

여기에서 우리는 교역자와 평신도의 관계성에 대하여 개혁신학적 관점에서 다음의 두 가지 사실을 분명히 하여야 한다.[123]

1) 제사장직(Priesthood)은 교회의 모든 회중에게 해당되는 직책(office)이다. 즉 모든 믿는 이들은 제사장으로서 부름을 받았다. 이제 우리 모두는 어떤 제사장의 중보 없이도 하나님께로 직접 나아갈 수 있게 되었다. 이미 그리스도께서 우리의 유일한 중보자가 되셨기 때문이다. 이러한 이유로 우리는 스스로 회개하고 또한 용서도 받을 수 있게 되었다.

이와 마찬가지로 모든 믿는 이들은 서로를 향하여 제사장적인 직무로 섬겨야 한다. 야고보 장로의 권면을 우리는 기억하여야 한다. "그러므로 너희 죄를 서로 고백하며 병이 낫기를 위하여 서로 기도하라. 의인의 간구는 역사하는 힘이 큼이니라."(약5:16)

그리스도를 구주로 고백하는 모든 사람들은 자신을 통하여 다른 사람들이 하나님께로 나오고, 또한 자신을 통하여 하나님의 은혜가 그 사람들 위에 임할 수 있기 때문에 모두가 제사장적인 역할을 하고 있다는 사실을 기억하여야 한다.

2) 모든 신자들을 향한 하나님의 일반적 부르심과 함께, 특별한 방법으로 교회를 섬기도록 몇몇 개인들을 부르시어 독특한 은사를 허락하시는 부르심도 있음을 우리는 기억하여야 한다(예: 아브라함, 사라, 모세, 룻, 사무엘, 이사야, 바울 등). 제사장으로서 부름받은 사람들 사이의 관계를 우리 장로교회에서는 안수(ordination)라는 개념과 예식을 통하여 다음과 같이 이해한다.

원래 안수는 초대교회 당시부터 종교적 예식으로써 시행되었다(행 6:6, 13:3; 딤전4:14, 5:22). 안수는 성령께서 공동체의 선을 위하여(고전12:4~11) 믿는 이들에게 은사를 내려 주신다는 확신에 기초한다. 우리는 특별한 직무와 기술들을 가능케 하는 이러한 은사들이 안수를 통하여 교회의 직무를 감당하는 특정한 사람들에게 주어짐으로써 그들을 "구별하여" 직분자로 세우게 됨을 인정한다.

그러므로 장로교 정치의 핵심은 성령께서 부여하시는 특별한 은사의 기능을 인정하고, 동시에 그 기능이 공동체의 유익을 위하여 사용되어야 한다는 사실을 인식함에 있다. 안수를 통한 특별한 은사와 기능이 목사와 장로와 집사에게 주어졌다는 사실을 우리는 기억하여야 한다.

오늘날 많은 교회들, 특별히 장로교회에서 목사와 장로와 집사 간의 협력과 각자의 고유역할에 대한 이해의 차이로 인하여 공동체의 유익과 상반되는 현상이 속출하고 있음은 참으로 가슴 아픈 일이다. 우리는 이제 장로교회의 기본신학과 정신에 따라 목사와 장로와 집사의 정체성과 역할을 분명히 함으로써 주님의 몸된 교회를 바로 세우는 일에 힘써야 할 것이다. 이러한 정체성에 대한 확인은 무엇보다도 장로교회에 대한 바른 교회론적 이해와 장로교회 정치에 대한 이해를 전제로 한다. 그러므로 우리는 장로교회 정치에 대한 이해에 먼저 힘써야 할 것이다.

| 요점정리 |
- 장로로서의 직분은 하나님으로부터의 부르심이다.
- 그러나 장로라는 직분은 계급이 아니다.
- 제사장직(Priesthood)은 교회의 모든 회중에게 해당되는 직책(office)이다.
- "평신도"와 "교역자"의 구별은 각각이 담당하는 특별한 기능의 차이에서 비롯될 뿐이다.
- 장로교 정치의 핵심은 성령께서 부여하시는 특별한 은사의 기능을 인정하고, 동시에 그 기능은 공동체의 유익을 위하여 사용되어야 한다는 사실을 인식함에 있다.

장로교회의 정치구조

장로교 체제로 교회가 운영된다는 것은 교회가 서로 연결되어 있다는 뜻이다. 개교회들은 치리회 즉 당회, 노회, 그리고 총회를 통하여 하나의 교단을 이룸으로써 서로가 연결되어 있다. 이와 함께 장로교회는 헌법에 의하여 운영되며 질서를 중요시한다는 점을 기억해야 한다. 이러한 전통은 "모든 것을 적당하게 하고 질서대로 하라"(고전14:40)는 사도 바울의 교훈에 근거한다. "질서가 없으면 무질서가 생기고, 품위가 없으면 분쟁과 무례함이 생기며, 신중성의 결여가 생기기 때문이다."[124] 건강한 교회는 질서와 품위와 신중함 위에 세워져 간다. 그러나 장로교회가 질서를 강조하는 우선적인 목적은 교회의 사역을 증진시키기 위함이지, 그 활동을 제어하거나 정체시키려는 뜻이 아님을 우리는 기억하여야 할 것이다.[125] 이와 함께 우리가 기억할 것은 교회가 장로교회에 속하였다는 것은 장로들(presbyters) 즉 목사(minister)와 장로(elder)에 의하여 치리된다는 뜻을 가지고 있다는 사실이다.

장로교회는 당회, 노회, 총회로 연결되어 있다. 장로교의 운영조직은 인간적인 권위(신적인 권위는 아니라는 점을 잊지 말아야 한다!)를 부여하는 방법과 소재에 있어서 다른 교단들과 다르다. 장로교 조직은 회중교회와 같이 회중에게 권위가 있는 것도 아니고, 성공회와 같이 감독 한 사람에게 있지도 아니하며, 노회를 구성하는 사람들 안에 그 권위가 존재한다. 그러므로 장로교 조직은 (모든 사람이 항상 참여한다는 의미에서) 완전히 민주적이거나 혹은 군주적인 제도가 아니라 회중의 대의를 핵심으로 하는 대표 제도적임을 기억하여야 한다.[126]

● 노회

1. 노회는 장로교회의 기본이 되는 행정기관이다. 노회의 권위는 개교회와 상회 행정기관의 양방향으로 권위적 작용을 한다.
2. 노회는 자기 관할에 있는 교회들을 보살핌에 있어서 직접적인 책임을 가진다.
2-1. 개체교회를 조직하고 자체의 관할권과 권위 아래서 노회의 임무를 수행한다.
2-2. 노회는 목사를 안수하고 그들의 실무를 감독한다.
2-3. 개교회는 노회를 통하여 목사를 청빙하기도 하고, 계약을 해소하기도 한다.
2-4. 노회는 반드시 개교회의 사역과 기록을 승인하고, 사역의 일을 소홀히 하며 선교에 참여하지 않는 당회가 있다면 조언하고 지도할 책임을 가진다.
2-5. 필요에 따라서는 당회를 대체하여 개교회의 실무를 감당케 할 수도 있다.
3. 노회는 상회 치리회에 대하여 권위를 가진다.
3-1. 노회 회원 중 총대를 선출하여 총회로 보낸다.
3-2. 노회는 헌법 개정을 위하여 제안할 수 있다.
3-3. 노회는 교단 전체의 선교적 공동 관심사가 될 수 있는 일들을 총회에 제안할 수 있다.

● 당회

1. 장로교회의 사역은 각기 특정한 장소에서 수행할 수 있도록 노회가 개교회에 위임한다. 그러므로 개교회는 당회의 직접적인 지도와 감독을 받는다.

1-1. 개교회의 당회는 목사 혹은 부목사 및 시무 장로들로 구성된다.

1-2. 당회는 교회의 다양한 사역과 운영에 책임이 있다.
- 이러한 책임을 완수함에 있어 당회는 교회의 권징을 행사하며, 회원을 받아들이고 이명하며, 부모를 권면하여 자녀들이 세례 받게 하며, 교회학교, 집사 등의 사역 및 교회의 모든 사회활동이나 소위원회를 감독한다.
- 당회의 책임 중 특별히 강조해야 할 한 가지는 상회 치리기관들과 함께 활발히 협조하는 일이다. 노회에 총대를 선정해서 보내고 총회 일을 위해 선출될 수 있는 장로를 노회에 공천하고, 상회의 지시를 준수하고, 교회를 방문하는 노회의 대표자들을 환영하고, 전체 교회의 선교적 관심사가 될 만한 안건들을 노회에 제안하는 일들을 포함한다.

● 총회

1. 총회는 대한예수교 장로회의 최고 치리기관이다.

1-1. 총회는 일년에 한 번씩 정기회의를 가지고 노회에서 선출된 목

사와 장로가 비례적으로 동일한 수로 구성된다.

1-2. 총회는 최종적인 상소 기관이다.

1-3. 총회는 노회와 흡사한 행정의 책임을 가진다. 총회의 임무는 매우 광범위하며, 대부분의 일은 임원회와 소속 부서들의 위원회에 의하여 이루어진다.

● **개교회**

1. 개교회는 자기가 소속된 지역에서 교회의 임무를 감당하기 위한 주된 기관이다.

1-1. 개교회에서 교인들은 하나님의 말씀을 설교와 가르침을 통하여 만나며, 성례전에 참여하며, 지역사회나 국내외 선교에 참여하고 보조하면서 하나님의 말씀에 응답할 기회를 얻는다.

1-2. 그러므로 교인으로 개교회에 등록하는 것은 그리스도의 선교에 참여하는 목적을 위한 것이다. 이러한 참여는

- 복음을 선포하고
- 개교회의 예배와 공동생활에 참여하고
- 기도하고 성경과 기독교 신앙을 연구하고
- 시간, 재능, 물질을 드림으로써 교회 사역을 돕고
- 교회 치리 책임에 참여하고
- 교회 안에서 또는 교회를 통하여 새로운 삶의 가능성을 세상에

보여주고
- 타인을 섬김으로써 이웃을 사랑하라는 하나님의 부르심과 역사에 응답하고
- 개인, 가정, 직업, 정치, 문화 그리고 사회생활 관계에서 책임 있는 삶을 영위하고
- 세상에서 화평, 정의, 자유를 포괄하는 하나님 나라를 위해서 일하는 것을 포함한다.

| 요점정리 |
- 장로교회는 헌법에 의하여 운영되며, 질서를 중요시한다.
- 장로교 체제로 교회가 운영된다는 것은 교회가 서로 연결되어 있다는 뜻이다.
- 장로교회는 당회, 노회, 총회로 연결되어 있다.
- 장로교회에 속하였다는 것은 장로들(presbyters) 즉 목사(minister)와 장로(elder)에 의하여 치리된다는 뜻을 가지고 있다.
- 장로교 조직은 (모든 사람이 항상 참여한다는 의미에서) 완전히 민주적이거나 혹은 군주적인 제도가 아니라 회중의 대의를 핵심으로 하는 대표 제도적임을 기억하여야 한다.
- 노회는 장로교회의 기본이 되는 행정기관이다.
- 장로교회의 사역은 노회가 개교회에 위임한다. 그러므로 개교회는 당회의 직접적인 지도와 감독을 받는다.
- 총회는 대한예수교 장로회의 최고 치리기관이다.
- 개교회는 자기가 소속된 지역에서 교회의 임무를 감당하기 위한 주된 기관이다.

장로교 정치체제의 원리

장로교 정치체제는 질서(order)와 열정(ardor)의 조화를 모색한다. 장로교회는 이성을 경멸하면서 특별한 경험과 감정에 치우치는 열광주의자들이 초래할 무질서를 우려하지만, 그렇다고 오로지 한 사람의 감독만이 모든 것을 결정함으로써 회중의 열정을 박탈하여 버리는 교회를 원하지 않는다. 장로교회는 궁극적으로 하나님 나라를 지향하며 공동의 선을 모색하기 위해서 질서를 존중한다. 그러나 그 과정은 결코 수동적이거나 제도에 얽매여 관료화되는 것을 극복하기 위하여 우리에게는 성령이 허락하시는 열정이 필요하다.

데이비드 맥카디(David McCarthy)에 따르면 장로교 정치의 배경이 되는 신학적 원리를 다음의 네 가지 본질적 요소로 표현한다. '질서'와 '하나님 앞에서 모든 사람의 동등성'과 '책임소재(accountability)' 그리고 '권징(Discipline)'이 그것들이다.[127] 이것은 우리가 21세기라고 하는 새로운 상황 속에서 장로교회를 개혁해 나갈 때에도 참고하여야 할 매우 중요한 신학적 원리라고 할 수 있다.

이와 함께 전통적으로 장로교회의 정치는 다음의 네 가지를 "역사적인 교회정치의 원리(The Historic Principles of Church Government)"로 삼아 왔다. (1) 몇 개의 서로 다른 회중들이 하나의 그리스도 교회를 이룬다. (2) 교회의 상회나 그 대표가 하급 치리회를 다스려야 한다. (3) 다수가 다스려야 한다. (4) 고발과 상소는 하급 치리회에서 상급 치리회로 상정되어야 하며 최종 결정은 "전체 교회의 공동의 지혜와 연합된 의사로" 이루어져야 한다.[128] 이러한 역사적인 교회정치의 원리는 오늘날까지 우리에게 다음과 같이 적용되어 왔다고 볼 수 있다.

우리는 장로교회의 원리를 주목할 필요가 있다. 현재와 미래 장로교회의 나아갈 길을 여기에서 찾을 수 있기 때문이다. 장로교회가 지닌 정신은 연속성과 더불어 전통적 유산에 대한 역사적 인식이다. 예컨대 미국장로교 규례시가 밀하는 "장로교회는 대의정치이다"(G~6.0170)라는 말은 제직원을 선출하기 위한 방법을 뜻하는 것일 뿐 그 정치의 목적 자체가 대의정치임을 뜻하지는 않는다. 도리어 장로교회의 정신은 근본적인 성경의 원리, 즉 살든지 죽든지 그리스도의 이름이 존귀케 되기를 (빌1:20) 갈망하고, 사람을 기쁘게 하기에 앞서 하나님을 기쁘시게 하는 (살전2:4) 적극적 원리를 함축한다.

나아가 이러한 적극적 원리는 협력성을 함축한다. 그리스도의 뜻을 발견하고 나타내고자 하는 노력은 개인적으로나 부분적으로 이루어지는 것이 아니라, 함께 이루어가는 것임을 장로교 원리는 보여주고 있다. 이러한 예수 그리스도 중심의 적극성과 협력성의 원리와 정신은 한국의 장로교회도 함께 공유하고 사역현장에서 실천해 나가야 할 자랑스러운 장로교회의 유산이자 토대이다.

| 요점정리 |

- 장로교 정치체제는 질서(order)와 열정(ardor)의 조화를 모색한다.
- "역사적인 교회정치의 원리(The Historic Principles of Church Government)"는 다음과 같다.
  - 몇 개의 서로 다른 회중들이 하나의 그리스도 교회를 이룬다.
  - 교회의 상회나 그 대표가 하급 치리회를 다스려야 한다.
  - 다수가 다스려야 한다.
  - 고발과 상소는 하급 치리회에서 상급 치리회로 상정되어야 하며 최종 결정은 "전체 교회의 공동의 지혜와 연합된 의사로" 이루어져야 한다.
- "장로교회는 대의정치이다"(G~6.0170)라는 말은 제직원을 선출하기 위한 방법을 뜻하는 것일 뿐 그 정치의 목적 자체가 대의정치임을 뜻하지는 않는다.
- 장로교회의 정신은 근본적인 성경의 원리, 즉 살든지 죽든지 그리스도의 이름이 존귀케 되기를(빌1:20) 갈망하고, 사람을 기쁘게 하기에 앞서 하나님을 기쁘시게 함에(살전2:4) 있다.
- 그리스도의 뜻을 발견하고 나타내고자 하는 노력은 개인적으로나 부분적으로 이루어지는 것이 아니라 함께 이루어 가는 것임을 장로교 원리는 보여주고 있다.

장로의 직분과 역할

목적• 장로로서의 직분과 역할에 대해 분명한 이해를 하도록 한다.
목표• 1 장로와 목회자 간의 부르심의 차별성과 공통성에 대한 분명한 이해를 갖도록 한다.
2 장로로서의 자격을 온전히 갖추기 위한 신앙적, 인격적 요소들을 확인한다.
3 제직으로서의 장로의 책임과 의무에 대한 이해를 분명히 한다.

초대교회 이래로 소수의 사도들의 역할과 함께
평신도 지도자들의 역할은
교회의 교회됨에 있어서 필수적인 것이었다.

성경은 우리들에게 이러한 사실을 충분히 증거하고 있다. 예수님과 함께하였던 제자들과 이름 없이 섬겼던 여성과 남성 섬김이들이 그들이었다. 물론 이러한 예는 구약성경에서도 발견된다. 적지 않은 선지자들과 지도자들은 평신도 출신이었다. 우리는 이러한 사실로부터 하나님은 성령의 부르심에 마음을 열고 응답하는 모든 이들을 지도자와 책임자의 자리로 인도하심을 확인하게 된다.

16세기 로마 가톨릭 교회가 이러한 정신을 잃어버리게 되는 상황에 이르자 칼뱅은 제네바에서 2세기 초대교회를 모델로 예수 그리스도의 정신과 성경 말씀에 합당한 교회제도를 주창하게 되었다. 이것이 바로 우리가 따르는 장로교회의 정치제도이다.

칼뱅 이후 지속되어온 개혁교회의 역사와 현실을 통해서 우리는 몇 가지 중요한 장로교 정치의 핵심 사안들을 다시 한 번 확인할 수 있다.

첫째, 목사와 평신도는 교회를 섬김에 있어서 함께 부르심을 받았다는 사실이다.

둘째, 제네바에서 시작된 장로교회가 스코틀랜드, 북아일랜드, 네덜란드와 전 세계로 흩어져 갔지만 기본적인 교회정치제도는 동일하였다. 즉 회중의 규모에 상관없이 당회는 회중의 신앙적 삶을 책임 맡은 상위 권위를 가진다는 것이다. 또한 안수받은 목사와 장로는 성령의 인도 아래 모든 사람이 "그리스도의 장성한 분량"에 이르도록 함께 협력한다는 것이다(골1:28)[129]. 이러한 정신과 구조는 제네바 이후 전 세계에 흩어진 개혁교회가 보이고 있는 다양성 속에서도 통일성을 붙잡을 수 있는 핵심적 요소이다.

그러나 장로와 목사 두 직분 사이에는 분명한 구별이 존재한다.

이것은 장로교회에 있어 매우 결정적인 것이다. 교회를 세우고 지키는 목적을 향한 부르심에 있어서는 동일하나, 구체적 책임과 사역에 있어서의 구별과 분담 역시 분명하다. 교회의 "화평과 연합과 순결"을 유지하기 위하여 목사의 직무와 장로의 직무는 점차로 확연히 구별되기 시작하였던 것이다.

먼저 장로는 "말씀과 교리"에 전념하지 않는다. 이것은 말씀 선포와 성례전을 담당한 목사들에게 요구되는 것이다. 이러한 사역을 감당하기 위하여 목사들에게는 특별한 교육과 신실한 준비가 요청된다(딤후 2:15). 이런 의미에서 말씀과 성례전을 담당하는 목사는 명예와 존경의 대상이 되어야 한다. 그것은 그들이 가진 지위나 기술 때문이 아니라 하나님의 부르심 때문이며, 또한 목사직을 감당하기 위하여 그들이 수행한 훈련의 과정 때문이다.

교회의 '화평과 연합과 순결'을 위하여 부름받아 헌신하는 장로 역시 명예와 존경의 대상이 되어야 한다. 그 이유 역시 지위나 업적 때문이 아니다. 장로가 존경받아야 할 이유는 하나님의 부르심 때문이며, 또한 장로직을 감당하기 위하여 그들이 치러야 할 섬김과 희생 때문이다.

개혁교회의 신학은 어떤 비밀스런 교육이나 신비스런 영적 능력에 의한 목회나 섬김이 아니라 하나님과의 만남(an encounter with God)을 가능케 하는 신앙에 초점을 둔다. 우리 신앙의 핵심내용은 성령께서 신앙에로 일깨워 주신 사람에게 그리스도께서 임하신다는 것이다. 그러므로 특별한 사람이 우리를 대신하여 기도하고, 우리를 대신하여 사랑을 베풀 수는 없는 것이다. 교회에는 결코 특별한 사람이 존재하는 것이 아니며, 더욱이 계급이 존재하는 것이 아니다. 모든 사람은 하나님과의 관계에서 독특한 위치에 있으며 그 위치는 결코 높고 낮은 위계의 관계가 아닌 것이다.[130]

| 요점정리 |
- 안수받은 목사와 장로는 성령의 인도 아래 모든 사람이 "그리스도의 장성한 분량"에 이르도록 함께 협력한다.
- 그러나 장로와 목사 두 직분 사이에는 분명한 구별이 존재한다.
- 목사는 명예와 존경의 대상이 되어야 한다. 하나님의 부르심과 목사직을 감당하기 위하여 그들이 수행하는 훈련과 섬김과 희생 때문이다.
- 장로 역시 명예와 존경의 대상이 되어야 한다. 하나님의 부르심과 장로직을 감당하기 위하여 그들이 치러야 하는 섬김과 희생 때문이다.

장로됨의 자격 갖추기

● 임직예식 문답서약의 의미

하나님으로부터 장로로 부름받아, 회중으로부터 그 부름이 확인된 장로들은 임직예식을 통하여 장로로서의 역할을 시작하게 된다. 이때 다섯 가지 질문에 대하여 임직자들은 답하게 된다. 이 질문은 그저 통과의례가 아니다. 장로로 부름받은 사람들이 그 막중한 임무를 감낭할 때 반드시 기억하고 실천하여야 할 핵심적인 원칙을 담고 있다.

[1] "신구약성경은 하나님의 말씀이요, 또 신앙과 행위에 대하여 정확무오한 유일의 법칙으로 믿고 따르기로 서약합니까?"

장로로 부름받은 사람은 무엇보다도 신앙을 더욱 굳건히 하여야 한다. 신앙의 핵심은 역시 예수 그리스도에 대한 신앙고백이다. 예수 그리스도를 구주로 고백하며 교회의 머리되시며 주인되심을 인정하며, 오로지 그분을 통하여 우리가 성부, 성자, 성령으로서 삼위일체이신 하나님을 믿게 됨을 분명히 하여야 할 것이다. 이러한 신앙고백은 곧 우리의 겸손한 삶, 섬김의 삶의 태도와 자세로 표현되어야 한다. 이것이 곧 경건이며 영성이기 때문이다. 우리는 장로로서 당회에 참석할 때마다, 예배 순서에 참여할 때마다, 교인들을 대할 때마다 겸손과 섬김의 태도와 자세를 일관되게 실천하도록 노력하여야 한다. 교회의 머리요 주인은 오로지 예수 그리스도시고 우리는 그분을 통하여 삼위일체 하나님께 부름받아 하나님의 딸과 아들들을 섬기는 사람들이기 때문이다.

이러한 신앙과 경건은 장로로 부름받은 사람이 오로지 신구약 성경을, 교회를 위하여 허락하신 유일한 권위적 증언으로써 받아들일 때 가능하여진다. 예수 그리스도 안에서 성령님을 통하여 우리에게 계시된 하나님이신 살아있는 말씀은 세상의 어떤 권위보다 앞서는 초월적 권위를 가진다. 바로 이 말씀에 의하여 교회가 세워지고, 또한 심판받으며, 지속적으로 새로워져야 하는 것이다. 그러므로 장로로 부름받은 이들은 무엇보다도 말씀에 대한 깨달음과 그에 따른 인도를 받기 위하여 경건한 삶을 살도록 노력하여야 하며, 말씀 이외에 그 어떤 인간적인 경험, 철학, 제도나 전통에도 절대적 권위를 부여해서는 안 될 것이다.[131]

[2] "본 장로회 신조와 요리문답과 (헌장과 규칙) 교리는 신구약성경에서 교훈한 도리를 총괄한 것으로 알고 성실한 마음으로 믿고 따르기로 서약합니까?"

장로로 부름받은 사람은 개혁신앙의 '본질적 신조'를, 성경을 해설하여 주는 권위 있고 믿을만한 교회의 고백으로써 받아들여야 한다. 우리가 속한 장로교회는 고백적 교회이다. 교회의 정치형태와 신앙고백은 매우 유기적인 관계에 있다. 신앙고백을 통하여 교회는 소속 교인들과 세상에 자신들이 누구이며 무엇을 믿고, 어떤 문제들에 관심을 갖고 있는지를 밝혀 왔다.[132]

시대적 한계와 제한에도 불구하고 우리는 다음과 같은 내용들을 개혁신앙의 '본질적 신조'로 오늘도 함께 고백할 수 있다.

(1) "구원뿐만 아니라 섬김의 사역을 위한 하나님의 백성으로의 선택" 우리는 하나님에 의하여 그의 나라 백성으로 부름받았다. 따라서 우리는 신앙적 응답으로써 하나님을 섬기고, 그의 뜻을 전 우주에 실천할 사명을 가진다.

(2) "하나님의 말씀에 따라 교회 안의 실서를 원칙 있게 존중하는 언약적 삶" 우리는 영원히 교회를 충실히 지켜나가기 위하여 하나님에 의하여 함께 부름받은 공동체이다. 이러한 직무는 왜 우리의 삶이 공동체적이어야 하는지 그 이유를 알려준다.

(3) "신실한 청지기직은 교만을 멀리하고 하나님이 주신 은사의 적절한 사용을 모색하도록 한다." 세상은 하나님의 창조의 산물이다. 그러므로 신실한 신앙인은 곧 이러한 하나님의 창조를 잘 관리하는 이들이다. 따라서 우리는 하나님 앞에 책임적인 삶을 살아야 하며, 이웃과도 조화로운 삶을 살도록 힘써야 할 것이다.

(4) "우상숭배와 폭정으로 내닫는 인간의 경향성에 대한 인식, 즉 죄에 대한 현실적 인식은 하나님의 사람들로 하여금 하나님의 말씀에 순종하는 삶과 정의를 추구하는 삶으로써 사회를 변혁하는 사역에로 인도한다."[133]

[3] "본 장로회 정치와 권징조례와 예배 모범(헌장과 규칙)을 정당한 것으로 알고 승낙합니까?"

장로는 우리가 가진 모든 열정과 지성과 사랑으로써 섬기려고 부름 받았음을 항상 기억하여야 한다. 그런 의미에서 장로는 항상 협력하는 태도와 유연한 삶의 자세를 갖도록 노력하여야 한다. 물론 굳건한 확신과 강력한 지도력도 그것이 지나친 자기 확신이나 고집으로 변질되지 않는다면 장로로서 갖추어야 할 바람직한 덕목이 될 수 있다. 그러나 우리가 항상 기억하여야 할 것은 우리 교회는 성령님의 주도권이 행사될 수 있도록 항상 개방되어 있어야 한다는 것이다. 장로교회의 정치제도의 토대는 성령으로 충만한 공동체이다. 그 공동체가 교회의 영적 삶의 질서유지를 위하여 자신들을 대표하기 위하여 능력을 갖춘 섬김이(servants)들을 선출한 것이 바로 장로이다. 그러므로 장로는 항상 공동체의 신앙과 삶의 양육과 유익을 위해 헌신해야 할 의무를 가지는 것이다.

당회로 모일 때 장로는 영적으로 충만한 상태이어야 한다. 그러나 영적인 충만함은 결코 주관적으로 판단될 수 있는 것이 아니기에 다른 장로들의 동의를 구하여야 하며, 때로는 다른 장로들에 의하여 나의 의견이 수정되거나 받아들여지지 않을 수도 있는 것이다. 물론 항상 다수결이 영적으로 옳다고 주장할 수는 없을 것이다. 그러나 장로교회의 정치는, 하나님의 영은 특별한 한두 사람을 통하여서가 아니라 전체 교회를 통하여 말씀하신다는 것에 확고히 기초하고 있다. 이러한 원칙은 한두 명의 당회원이 아무리 탁월한 위치에 있다고 하더라도 전체 당회가 그것에 동의하지 않고 또한 그것이 당회의 공동체적 정신을 해친다고 한다면 받아들일 수 없다는 결론으로 이끈다. 그것이 옳고 탁월한 의견이라 하더라도 다수가 이해하고 있지 못한 상황이라면, 당회는 함께 생각을 나누는 시간을 가지고 더욱 함께 기도하는 시간을 가지도록 노력하는 것이 당회원으로서 장로의 합당한 자세이다.[134)] 이러한 태도와 자세가 곧 우리가 장로회 정치와 권징 조례를 정당한 것으로 알고 승낙하는 표식이 될 것이다.

[4] "이 지교회 장로의 직분을 받고 하나님의 은혜를 의지하여 진실한 마음으로 본 직을 힘써 봉사하기로 서약합니까?"

부름받은 사람은 누구도 자신이 충분히 그럴 만한 자격이 있다고 생각하지 않는다. 모세가 그러하였고(출3:11), 이사야도 부르심 앞에서 자신의 부족함을 두려움과 떨림으로 고백하였다(사6:5). 이때마다 오로지 은혜가 함께함으로 그러한 부르심에 합당한 응답을 할 수 있음을 주님께서 확신시켜 주셨음을 우리는 기억한다. 하나님의 부르심에 합당한 섬김이가 되기 위하여서는 항상 하나님의 은혜가 함께 하여야 함은 명백한 사실이다. 그러므로 우리는 항상 은혜를 사모하는 삶을 살아야 한다. 은혜를 사모하는 삶이란 어떠한 삶을 말하는가?

무엇보다도 예수 그리스도를 구주로 믿고, 그분의 말씀을 따라 살기로 헌신하는 사람이 은혜를 사모하는 사람이다. 헌신하는 사람의 삶을 사도바울은 다음과 같이 알려 주었다. "그러므로 하나님의 모든 자비하심으로 너희에게 권하노니 너희 몸을 하나님이 기뻐하시는 산 제물로 드리라. 이것이 너희가 드릴 영적 예배니라. 너희는 이 세대를 본받지 말고 오직 마음을 새롭게 함으로 변화를 받아 하나님의 선하시고 기뻐하시고 온전하신 뜻이 무엇인지 분별하도록 하라."(롬12:1~2) 여기서 중요한 것은 무엇보다도 먼저 우리의 몸을 산 제물로 드리는 헌신적 삶이 있어야 한다는 것이다. 또한 우리의 마음이 새롭게 되어야 한다는 것이다. 이 둘은 서로 유기적 상관관계를 가진다. 즉 우리의 인간적인 욕망이나 철학이나 이념을 앞세우지 않고 오로지 주님께 우리 자신을 내어놓을 때, 우리는 새로워질 수 있다는 것이다. 또한 새롭게 되려면 이 세상을 뒤따르지 않고 오로지 하나님의 뜻만을 분별하여 전적으로 따라야 한다는 것이다.

우리가 장로로서 부름받은 것의 표식은 우리의 믿음에 있다. 장로로서 우리의 차별성은 오로지 예수 그리스도에 대한 신실한 믿음에서 찾아져야 할 것이다. 그러므로 장로로서의 차별성은 예수 그리스도의 존재를 항상 인식하며 살아가는 삶과 인격에 있다. 물론 우리는 다른 사람들의 모범이 되도록 우리의 인격을 닦아 나가야 할 것이다. 그러나 인격을 도야함에 있어서 가장 우선되어야 할 것은 하나님을 만나는 경험이 나날이 풍성해져가야 한다는 것이다. 그래서 나를 사랑하셔서 장로로 불러주신 그분을 사랑의 관계 안에서 무한히 신뢰하는 믿음이 나날이 커가는 삶을 살아야 한다. 더욱 말씀을 사모하여 공부하고 실천하는 삶을 살아 나가야 할 것이다. 이때 우리가 드리는 예배와 교회의 모든 행사가 더욱 은혜스럽고 감격스러워져 갈 것이다.

[5] "본 교회의 화평과 연합과 성결함을 위하여 충성하기로 서약합니까?"

장로는 팀의 구성원 중 한 사람으로 부름받았음을 기억하자!

장로는 교회의 화평과 연합과 성결함을 지키고 향상시키기 위하여 노력하여야 한다. 화평은 결코 수동적이고 현상유지만을 뜻하는 것은 아니다. 사실 화평은 훨씬 역동성을 요구한다. 교회의 화평은 교회로서의 사명을 함께 이해하고, 그 사명의 수행을 위하여 함께 노력하는 창조적 행위 속에서 추구될 수 있기 때문이다. 그러므로 당회는 하나님이 주도하시는 변화에 개방적인 신자의 공동체로서의 모습을 갖추어야 한다. 교회의 화평은 교회의 구성원들이 그리스도의 사도로서 이 세상으로 부름받은 교회의 사명을 기쁘고 충실하게 감당하려고 헌신할 때 이루어지기 때문이다. 이때 당회원으로서 장로의 사명은 어떻게 하면 공동체로서의 지역 교회가 이러한 사명감과 헌신을 가질 수 있는가를 연구하고 구체적으로 모색함에 있을 것이다.

이와 함께 우리는 연합이 없는 곳에 화평은 있을 수 없다는 사실도 기억하여야 한다. 사도바울은 연합의 비결에 대하여 다음과 같이 권면하였다. "마음을 같이 하여 같은 사랑을 가지고 뜻을 합하여 한 마음을 품어 아무 일에든지 다툼이나 허영으로 하지 말고 오직 겸손한 마음으로 각각 자기보다 남을 낫게 여기고 각각 자기 일을 돌볼 뿐더러 또한 각각 다른 사람들의 일을 돌보아 나의 기쁨을 충만하게 하라."(빌2:2~4)

이것이 바로 당회가 연합을 유지할 수 있는 비결이기도 하다.

물론 당회가 항상 의견에서 획일적 연합을 보일 수는 없다. 하나님이 인간을 매우 다양하게 지으셨기 때문이기도 하며, 때로 인간에게 여전히 죄인된 습성이 남아 있기 때문이기도 하다. 그러므로 당회원으로서 장로는 성령께서 허락하시는 용서와 화해를 위하여 항상 기도에 힘써야 한다. 화평을 가능케 하는 원동력인 성령께서 허락하시는 연합을 지키려는 노력은 당회원으로서 장로의 매우 중요한 책무이다.

교회의 성결함을 지키려는 노력은 장로가 힘써야 할 매우 중요한 주제다. 현대사회의 세속화 물결 속에서 교회마저 허물어져가는 모습을 보면서 교회의 성결함이야말로 교회의 교회다움의 척도이기 때문이다. 무엇보다도 먼저 장로는 교회가 교리나 정신에 있어서 성결함을 잃어버리고 있지 않은가를 살펴야 할 것이다. 21세기가 되어 더욱 발호하는 이단들에 대비하여 장로교인으로서 기본적인 신앙고백을 확인하며, 또한 오늘날 그것이 의미하는 바에 대한 교육도 강화하도록 힘써야 할 것이다. 이와 함께 오늘날의 이단은 교리뿐만 아니라 물질주의와 상업주의에 편승하고 있다는 사실도 간과하지 말아야 할 것이다. '예수 천당 불신 지옥'을 외치던 교회가 이제는 '당신의 삶은 이 땅에서 행복하십니까?'만을 강조하게 될 때, 과연 우리에게 성경적인 하나님 나라에 대한 분명한 신앙고백과 이해가 있는가를 확인하여야 한다.

오늘날 당회원으로서 장로는 교회의 화평, 연합, 성결함을 지키고 향상시키기 위하여 그 어느 때보다 험난한 시대에 부름받았다고 할 수 있다. 그만큼 주님의 기대도 클 것이라 확신한다. 우리의 몸을 산 제물로 드림으로 하나님을 기쁘시게 하는 영적 예배를 '당회를 통하여', '교인들을 대표하는 교인으로서의 장로의 태도와 삶으로써' 드린다는 헌신이 장로로 부름받은 이들에게 있어야 할 것이다!

| 요점정리 |
- 장로로 부름받은 이들은 무엇보다도 말씀에 대한 깨달음과 그에 따른 인도를 받기 위하여 경건한 삶을 살도록 노력하여야 하며, 말씀 이외에 그 어떤 인간적인 경험, 철학, 제도나 전통에도 절대적 권위를 부여하여서는 안 될 것이다.
- 개혁신앙의 '본질적 신조'의 의미는 다음과 같다.
  - 우리는 하나님에 의하여 그의 나라 백성으로 부름받았다. 따라서 우리는 신앙적 응답으로써 하나님을 섬기고, 그의 뜻을 온 우주에 실천할 사명을 가진다.
  - 우리는 영원히 교회를 충실히 지켜나가기 위하여 하나님에 의하여 함께 부름받은 공동체이다. 이것은 왜 우리의 삶이 공동체적이어야 하는지 그 이유를 알려준다.
  - 세상은 하나님의 창조의 산물이다. 그러므로 신실한 신앙인은 곧 이러한 하나님의 창조를 잘 관리하는 이들이다. 따라서 우리는 하나님 앞에 책임적인 삶을 살아야 하며, 이웃과도 조화로운 삶을 살도록 힘써야 할 것이다.
  - 죄에 대한 현실적 인식은 하나님의 사람들로 하여금 하나님의 말씀에 순종하는 삶과 정의를 추구하는 삶으로써 사회를 변혁하는 사역으로 인도한다.
- 교회는 성령님의 주도권이 행사될 수 있도록 항상 개방되어 있어야 한다. 이것은 당회에 임하는 장로가 항상 협력하는 태도와 유연한 삶의 자세를 갖도록 노력하여야 함을 뜻한다.
- 장로로서의 차별성은 예수 그리스도의 존재를 항상 인식하며 살아가는 삶과 인격에 있다.
- 화평을 가능케 하는 원동력인 성령께서 허락하시는 연합을 지키려는 노력은 당회원으로서 장로의 매우 중요한 책무이다.

교회 제직으로서의 장로의 역할과 의무

● **당회원으로서의 장로의 의무와 책임**

당회는 교회의 치리회이며 대부분의 결정과 정책을 수립하는 책임이 있다. 그러므로 당회원들은 광범위한 활동을 수행하게 된다. 총회헌법은 장로의 직무에 대하여 다음과 같이 규정하고 있다.

1. 장로의 직무
1-1. 장로는 교회의 택함을 받고 치리회의 회원이 되어 목사와 협력하여 행정과 권징을 관장한다.
1-2. 장로는 교회의 신령상 관계를 살핀다.
1-3. 장로는 교인들이 교리를 오해하거나 도덕적으로 부패하지 않도록 교인을 권면한다.
1-4. 장로는 권면하였으나 회개하지 않는 자가 있으면 당회에 보고한다.

2. 장로의 직무는 곧 장로로서의 막중한 책임수행의 의무를 의미한다.
2-1. 장로들은 당회에서 교회가 행할 사안들에 대하여 논의하고 결정한다. 예컨대 신령과 진정으로 드리는 예배를 위한 준비, 교회학교를 양육하고 번성케 하기 위한 모색, 청지기직의 원리와

프로그램 개발, 국내외 선교를 위한 회중지도, 교회 예산을 세우고 확정함, 새 장로와 집사를 가르치며 고시하고 안수하며, 교회의 고용정책을 논의하고, 교회의 관리와 상급치리회와 타교단과의 관계 유지와 교인 명부 관리 및 보관에 대한 사안들을 논의하고 결정한다.

2-2. 한 사람이 많은 활동을 일일이 책임질 수는 없으므로 당회는 보통 여러 위원회를 둔다. 교회의 상황에 따라 위원회의 종류와 수는 다양하며, 일반적으로 당회원들은 적어도 당회 위원회 중 하나에 봉사한다.

2-3. 장로들은 노회나 총회 수준의 위원회와 기관에서 봉사할 수 있다. 각 당회가 노회에 총대를 선출하여 보냄으로써 어떤 장로들은 소속 교회 위원회 활동과 더불어 노회 정기 회의에도 참석하게 된다.

2-4. 당회원으로서 장로는 특별예배, 당회와 공동의회 참석, 신입교인의 환영과 교인의 전송 등 각종 교회생활에 지속적인 모범을 보여야 할 것이다. 또한 장로는 자신이 먼저 헌금에 모범을 보여 회중으로 하여금 청지기직을 잘 감당할 수 있도록 인도하는 역할을 하여야 한다.

2-5. 당회는 단순히 분주하게 사무적인 처리를 감당하는 기관이나 모임이 아니다. 당회의 근본적인 목적은 하나님의 백성인 교인들을 도와서 교회가 마땅히 감당해야 할 하나님과 세상을 향한

교회사역을 개발하고 그것에 참여하게 하기 위함이라는 것을 항상 기억하여야 할 것이다.

● **장로의 책임과 임기에 대하여**

역사적으로 장로는 목사와 함께 교회의 치리와 운영에 지대한 의무와 책임을 감당하여 왔다. 특별히 세상에서 자신의 생업과 함께 교회를 위한 막중한 직무를 동시에 감당하여야 하고, 회중들의 상황을 모두 돌보고 배려하는 등의 목양에도 힘써야 한다는 이유와, 또한 될 수 있는 대로 회중의 대표성을 고루 반영하기 위한 이유들 때문에 장로의 임기는 한정된 시한으로 제한되는 사례가 일반적이었다. 이렇게 장로의 임기가 제한되는 중요한 또 다른 이유는 특별히 모든 인간과 제도의 죄성을 간파하고 그것을 견제하기 위하여 제정된 장로교회의 정치원리에 따른 것이기도 한다.

견제와 균형은 장로교 정치의 중요한 원리이다. 우리가 많은 경우에 있어 모델로 삼고 있는 제네바 장로교회 칼뱅의 경우도 그러하였고, 네덜란드장로교회도, 스코틀랜드장로교회도 그러하였다. 오늘날 미국장로교회와 같은 경우엔 3년 임기로 선출되며, 3년 후에는 신임투표를 거쳐야 한다. 신임투표를 거쳐 재선되어도 시무 기간을 연속해서 6년을 넘을 수는 없도록 규정하고 있는 형편이다.

장로직을 항존직으로 규정한 우리 교회의 예는 왕권의 위협 하에서 교회를 지키는 지속적인 권위가 필요하여 제2 교회치리서를 작성한 스코틀랜드장로교회 등의 예에서 찾아볼 수 있는 자못 특별한 경우라고 할 수 있다. 여기에서 왜 우리는 장로직을 항존직으로 규정하였는가에 대한 역사적 이해와 논의가 필요하다. 적지 않은 역사가들은 고난 가운데 있던 우리의 초대교회 역사와 스코틀랜드장로교회 역사의 유사성과, 비교적 연소하였던 선교사들의 동역자로서 한국 교회를 대표하는 지도력의 지속적 존재가 필요했기에 우리 교회가 장로직의 임기에 제한을 두지 않은 것으로 추정한다.

이러한 역사적 배경을 의식할 때, 우리 한국 교회와 장로들은 항존직으로서의 장로제도를 가진 우리 교회가 여러 가지 이유로 장로의 그 시무기한을 제한하였던 다른 나라 장로교회들의 우려를 보기 좋게 극복하고 있다는 실례를 전 세계 교회에 보여주어야 할 의무와 책임이 있다. 우리 장로제도의 평가는 장로의 항존직에도 불구하고 인간의 죄성이 성령의 역사 안에서 성공적으로 견제되어서 칼뱅이나 서구의 장로교인들의 우려를 기우로 만들었을 때 긍정적인 평가를 받을 것이다. 그들은 장로들이 평신도 위에 군림할까봐, 그래서 교회의 자유를 저해할까봐, 혹은 젊은 세대들의 교회참여를 막을까봐, 혹은 과중한 업무 부담으로 영적 침체를 겪을까 염려하여 장로의 임기를 제한하였다. 이러한 염려를 기우로 만들고 더욱 성경적 질서와 열정으로 성장하고 사역하는 교회가 되려면 장로된 이들이 더욱 성령의 능력 안에 머물러 있어야 할 것이다. 겸손과 섬김의 자세로 성령의 인도하심에 복종하면서 자랑스러운 신앙의 선배들로부터 전수받은 장로교 정치의 근본원리들을 21세기적 상황에서 지혜롭게 적용시키는 우리 장로교회가 되어야 할 것이다.

| 요점정리 |
- 역사적으로 장로는 목사와 함께 교회의 치리와 운영에 지대한 의무와 책임을 감당하여 왔다.
- 견제와 균형은 장로교 정치의 중요한 원리이다.
- 겸손과 섬김의 자세로 성령의 인도하심에 복종하면서, 자랑스러운 신앙의 선배들로부터 전수받은 장로교 정치의 근본원리들을 21세기적 상황에서 지혜롭게 적용시키는 우리 장로교회가 되자!

주(註)

1) Ferenc Dusicza, "History of the Reformed Church in Hungary," http://www.reformatus.hu/english/history.htm.

2) Section Ⅱ : Mission and Unity, Discussion Paper and Order Reading Materials, 22nd General Council of the WARC, August 15-27, 1989, Seoul, Korea (WARC: Geneva, 1989), pp. 40-41. Jean-Jacques Bauswein and Lukas Vischer, *The Reformed World Wide* (Grand Raids: Eerdmans, 1999), pp. 2-4.

3) 이형기, 「장로교의 장로직과 직제론」 (서울: 한국장로교출판사, 1998), p. 98.

4) "Ecclesiastical Discipline"(1559), *Paradigms in Polity: Classic Readings in Reformed and Presbyterian Church Goverment* (Grand Rapods: Eerdmanns, 1994). pp. 134-39.

5) "French (Gallican) Confession"(1559), 위의 책, pp. 156-58.

6) "The Second Helvetic Confession", *Paradigms in Polity*, pp. 111-17; 이형기 편저, 「세계 개혁교회의 신앙고백서」, (서울: 한국장로교출판사, 1994), pp. 179-91.

7) "The Belgic Confession"(1561), *Paradigms in Polity*, pp. 171-74.

8) 「스코틀랜드 신앙고백서」(1560) 제18장은 최초로 '교회의 치리'를 교회의 제3의 표지로 언급했다.

9) "The Church Order of Dort, 1619/Christian Reformed Church Order, 1914," *Paradigms in Polity*, pp. 176-84.

10) "The Reformed Church in America Constitutions, 1792, 1833, 1874," *Paradigms in Polity*, pp. 185-216.

11) 이형기, 「장로교의 장로직과 직제론」(서울: 한국장로교출판사, 1998), pp. 150-53을 참조.

12) "The Book of Discipline," *Paradigms in Polity*, pp. 219-25.

13) "The Scots Confession," *Paradigms in Polity*, 226-32.

14) J. S. Gray and J C. Tucker, *Presbyterian Polity for Church Officers* (Second Edition) (Louisville: Westminster/John Knox Press, 1990), p. 35.

15) "The Book of Discipline," *Paradigms in Polity*, pp. 224; 이형기, 「장로교의 장로직과 직제론」, p. 171.

16) J. S. Gray and J C. Tucker, 위의 책, p. 36.

17) "The Book of Discipline," *Paradigms in Polity*, p. 225.

18) 이형기, 「장로교의 장로직과 직제론」, p. 172.

19) "The Second Book of Discipline" *Paradigms in Polity*, pp. 233-47.

20) Douglas M. Murray, "The Recent Debate on Eldership in the Church of Scotland," *The Ministry of Elders in the Reformed Church*, ed. Lukas Vischer (Bern: Evagelische Arbeitsstelel Oecumene Schweiz,1992), pp. 189-90.

21) 위의 책, 이 부분은 이형기 교수의 「장로교의 장로직과 직제론」, pp. 179-81을 발췌 인용한다.

22) 위의 책, p. 192.

23) *Paradigms in Polity*, p. 248.

24) "The Westminster Assembly Directory for Church Government," *Paradigms in Polity*, pp. 260-77.

25) 이형기, 위의 책, p. 185.

26) Joseph H. Hall, "History and Character of Church Government," *Paradigms in Polity*, p. 10.

27) http://www.reformed.org/books/ruling_elder/index.html

28) 이형기, 위의 책, p. 200.

29) 연동교회90년사 편찬위원회, 「연동교회90년사」, (연동교회, 1984), p. 55.

30) "The Westminster Assembly Directory for Church Government," *Paradigms in Polity*, p. 265.

31) 정병준, 「호주장로교선교사들의 신학사상과 한국선교, 1889-1942」(서울: 한국기독교역사연구소, 2007), p. 424.

32) C. A. Clark, *The Korean Church and the Nevius Methods* (Christian Literature Society, 1937), p. 248-52.

33) C. A. Clark, 위의 책, p. 252.

34) 이형기, 위의 책, p. 201.

35) John Calvin, 「기독교 강요」(1559), IV iii 1.

36) John Calvin, 「기독교 강요」(1559), IV iii 4.

37) CO X/1, 15-16(= LCC XXII, 58).

38) John Calvin, 「기독교 강요」(1559), IV iii 4.

39) John Calvin, 「기독교 강요」(1559), IV iii 6.

40) John Calvin, 「기독교 강요」(1559), IV iii 4.

41) John Calvin, 「기독교 강요」(1559), IV iii 4.

42) John Calvin, 「기독교 강요」(1559), IV iii 4.

43) John Calvin, 「기독교 강요」(1559), IV iii 5.

44) John Calvin, 「기독교 강요」(1559), IV iii 8.

45) John Calvin, 「기독교 강요」(1559), IV iii 6.

46) John Calvin, 「기독교 강요」(1559), IV iii 8.

47) John Calvin, 「기독교 강요」(1559), IV xi 1.

48) John Calvin, 「기독교 강요」(1559), IV iii 8.

49) John Calvin, 「기독교 강요」(1559), IV iii 9.

50) John Calvin, 「기독교 강요」(1559), IV iii 10.

51) John Calvin, 「기독교 강요」(1559), IV iii 10.

52) John Calvin, 「기독교 강요」(1559), IV iii 11.

53) John Calvin, 「기독교 강요」(1559), IV iii 12.

54) John Calvin, 「기독교 강요」(1559), IV iii 12.

55) John Calvin, 「기독교 강요」(1559), IV iii 14.

56) John Calvin, 「기독교 강요」(1559), IV iii 15.

57) John Calvin, 「기독교 강요」(1559), IV iii 16.

58) John Calvin, 「기독교 강요」(1559), IV iii 16.

59) John Calvin, 「기독교 강요」(1559), IV viii 1.

60) John Calvin, 「기독교 강요」(1559), IV viii 13.

61) John Calvin, 「기독교 강요」(1559), IV viii 4.

62) John Calvin, 「기독교 강요」(1559), IV x 8.

63) John Calvin, 「기독교 강요」(1559), IV viii 1.

64) John Calvin, 「기독교 강요」(1559), IV viii 1.

65) John Calvin, 「기독교강요」(1559), IV viii 2.

66) John Calvin, 「기독교 강요」(1559), IV viii 6.

67) John Calvin, 「기독교 강요」(1559), IV viii 7.

68) John Calvin, 「기독교 강요」(1559), IV viii 7.

69) John Calvin, 「기독교 강요」(1559), IV viii 8.

70) John Calvin, 「기독교 강요」(1559), IV viii 9.

71) John Calvin, 「기독교 강요」(1559), IV viii 9.

72) John Calvin, 「기독교 강요」(1559), IV viii 14.

73) John Calvin, 「기독교 강요」(1559), IV viii 15.

74) John Calvin, 「기독교 강요」(1559), IV ix 8.

75) John Calvin, 「기독교 강요」(1559), IV ix 8.

76) John Calvin, 「기독교 강요」(1559), IV ix 1-26.

77) John Calvin, 「기독교 강요」(1559), IV x 30.

78) John Calvin, 「기독교 강요」(1559), IV x 16.

79) John Calvin, 「기독교 강요」(1559), IV x 18.

80) John Calvin, 「기독교 강요」(1559), IV x 27.

81) John Calvin, 「기독교 강요」(1559), IV x 27.

82) John Calvin, 「기독교 강요」(1559), IV x 30.

83) John Calvin, 「기독교 강요」(1559), IV x 30.

84) John Calvin, 「기독교 강요」(1559), IV x 27.

85) John Calvin, 「기독교 강요」(1559), IV x 28.

86) John Calvin, 「기독교 강요」(1559), IV x 28.

87) John Calvin, 「기독교 강요」(1559), IV x 30.

88) John Calvin, 「기독교 강요」(1559), IV xi 1.

89) John Calvin, 「기독교 강요」(1559), IV xi 1.

90) John Calvin, 「기독교 강요」(1559), IV xi 1.

91) John Calvin, 「기독교 강요」(1559), IV xi 4.

92) John Calvin, 「기독교 강요」(1559), IV xi 1.

93) John Calvin, 「기독교 강요」(1559), IV xi 5.

94) John Calvin, 「기독교 강요」(1559), IV xi 5-16.

95) John Calvin, 「기독교 강요」(1559), IV xi 2.

96) John Calvin, 「기독교 강요」(1559), IV xi 2.

97) 이양호, 「칼빈 : 생애와 사상」, p. 200.

98) John Calvin, 「기독교 강요」(1559), IV xi 1.

99) John Calvin, 「기독교 강요」(1559), IV xi 3.

100) John Calvin, 「기독교 강요」(1559), IV xi 3.

101) John Calvin, 「기독교 강요」(1559), IV xii 1, 참고 IV xi 1, IV xi 5-6.

102) John Calvin, 「기독교 강요」(1559), IV xii 1.

103) John Calvin, 「기독교 강요」(1559), IV xii 1.

104) John Calvin, 「기독교 강요」(1559), IV xii 5.

105) John Calvin, 「기독교 강요」(1559), IV xii 5.

106) John Calvin, 「기독교 강요」(1559), IV xii 5.

107) John Calvin, 「기독교 강요」(1559), IV xii 5.

108) John Calvin, 「기독교 강요」(1559), IV xii 8-13.

109) John Calvin, 「기독교 강요」(1559), IV xii 8.

110) John Calvin, 「기독교 강요」(1559), IV xii 12.

111) John Calvin, 「기독교 강요」(1559), IV xii 9.

112) John Calvin, 「기독교 강요」(1559), IV xii 11.

113) John Calvin, 「기독교 강요」(1559), IV xii 2.

114) John Calvin, 「기독교 강요」(1559), IV xii 3.

115) John Calvin, 「기독교 강요」(1559), IV xii 4.

116) John Calvin, 「기독교 강요」(1559), IV xii 6.

117) John Calvin, 「기독교 강요」(1559), IV xii 8-10.

118) John Calvin, 「기독교 강요」(1559), IV xii 8.

119) John Calvin, 「기독교 강요」(1559), IV xii 9.

120) John Calvin, 「기독교 강요」(1559), IV xii 10.

121) John Calvin, 「기독교 강요」(1559), IV xii 7.

122) Earl S. Johnson, Jr., Selected to Serve: A Guide for Church Officers(Geneva Press, Louisville. KY, 2000), p.1.

123) Paul S. Wright, *The Presbyterian Elder* (Westminster/John Knox Press, Louisville, KY, 1992), pp.11-15.

124) Earl S. Johnson, Jr, op.cit., p.55.

125) Rev. Marvin L. Simmers, 강기석 옮김, *Consider your Ministry*, 「당신의 사역을 준비하라」 (A Study manual for New Officers in the PCUSA) (2002), p.48.

126) 위의 책, p. 52.

127) Johnson, op.cit., p.59.

128) 위의 책, pp.45-46.

129) Wright, op.cit., p.19.

130) 위의 책, p.15.

131) 위의 책, pp.25-26.

132) 위의 책, p.27.

133) 위의 책, p.29.

134) 위의 책, p.36.

편집후기

이 땅에 그리스도의 교회가 세워진 지 120여년이 지난 세월 속에 세계에 유례없는 성장을 가져온 것은 참으로 경이로운 일임에 주님께 감사를 드린다. 그러나 양적인 성장에 비하여 질적인 측면에서 볼 때 세상 앞에 부끄러움을 감출 길이 없다.

주님께서 가르치신 교훈을 따르지 못하고 세상의 부귀와 영화를 주님 주시는 복으로 알고 오로지 그것을 쫓아 살지는 아니했는지 하는 생각을 해본다.

지, 정, 의를 갖춘 믿음의 신앙을 갖지 못하고 기복적인 신앙생활을 한 것 같아 송구한 마음 그지없다.

우리 한국 교회가 이렇게 된 것은 지도자라는 위치에 세워진 사람들의 편향된 시각으로 인한 지도력에서 비롯되지 아니했나 생각되기에 우리 전국장로회에서는 장로들이 각성하고 우리가 알아야 할 것에 대해 명확한 분석과 자료를 가지고 그것을 배우고 습득하고 실천해서 교회와 사회에서 본이 되는 삶을 살아가므로 한국 교회를 새롭고 거듭난 교회로 세상에서 지도력을 발휘할 수 있는 힘을 보여야 하지 않을까 생각해 보면서 본 교재를 생각하게 되었다. 개혁교회, 특히 장로교회의 정체성과 교회를 섬김에 있어 소위 교회 청지기라고 하는 이들이 무엇을 어떻게 하여야 하는지 깊이 성찰하고 하나님 앞에서 우리 각자에게 주어진 직분을 직분에 걸맞게 실행하여 섬김으로 각자 섬기는 교회가 은혜롭고 화평한 가운데 주님께 영광을 돌리고 소속한 성도들이 기쁨과 감사가 충만할 수 있도록 장로들이 모범을 보여야 한다는 생각을 하고 집필진과 대화를 나누면서 이 교재를 한국 교회 앞에 내어놓게 되었다.

이 교재가 출판되기까지 20여 회의 모임을 가지면서 심사숙고한 결과로 이 책이 나오게 되었다.

이 교재를 통해서 먼저 교회의 지도자들이 성숙해지고 한국 교회가 교회다운 모습으로 성장하는 지표가 되었으면 하는 바람이다.

집필을 위해 수고하신 임성빈 교수, 최윤배 교수, 주승중 교수, 이장로 교수, 정병준 교수와 감수를 위해 수고해주신 임인식 목사, 이종윤 목사, 이성희 목사, 손달익 목사, 김형태 교수, 최태영 교수님께 감사를 드리며, 본회 편찬위원님들의 수고에 깊은 감사를 드리고 출판을 맡아주신 성안당 이종춘 회장님께도 감사를 드린다.

김범렬 (전국장로회연합회 발전위원회 위원장)

● 발전연구위원회 책자 발간을 위한 조직 ●

발행인	박래창 장로(전국장로회 회장)
편집인	김범렬 장로(발전연구위원회 위원장)
편찬위원	[장로] 황명호 · 이원식 · 이홍익 · 심영식 · 박계균
감수위원	[목사] 임인식 · 이종윤 · 이성희 · 손달익 [장로] 김형태 · 최태영
집필위원	[교수] 임성빈 · 최윤배 · 주승중 · 정병준 · 이장로